小学生からひとりで学べる！

いちばんやさしい
韓国語

제일 쉬운 한국어

監修 幡野 泉　著 柳 志英

永岡書店

はじめに

　アンニョンハセヨ？　わたしは日本語ができる韓国人です。
　わたしが日本語を勉強するようになったきっかけは日本のアイドルでした。最初は曲を聞いたり、写真や映像をみたりするだけで楽しかったのですが、だんだんインタビューやテレビ番組で推しが言っていることを字幕ではなく、直接理解したくなりました。
　わたしは本屋に行って、あまりむずかしくなさそうで、デザインが気に入った日本語の基礎の学習書を一冊買いました。ひらがなはすぐに覚えられました。カタカナは少し時間がかかったし、漢字はほとんど読めませんでした。
　それでも、その本を最後まで勉強したころには少しだけ文字の読み書きができて、あいさつの言葉や簡単な単語は聞き取れるようになりました。日本語がおもしろくなってきて、もっと勉強したいと思いました。そして、今のわたしがいます。
　何かに興味を持つことはすばらしいことだと思います。この本を手に取ってくださったみなさんにもK-POP、韓国ドラマ、韓国旅行が好きなど、いろいろな理由があるでしょう。理由は何であれ、この本がみなさんの好きなことをもっと豊かに、そしてまた新しい何かのきっかけをつくることができたらうれしいです。
　カムサハムニダ。화이팅（がんばって）！

柳 志英

もくじ

はじめに ……………………………………………………………………… 2
この本の使い方 …………………………………………………………… 5
音声ダウンロードについて ……………………………………………… 6

1 文字を練習しよう

01 文字のしくみを知ろう ……………………………………………… 8

02 「あいうえお」を書いてみよう ……………………………………… 10

あ行	…… 11	は行	…… 18
か行	…… 12	ま行	…… 19
さ行	…… 13	や行	…… 20
た行	…… 14	ら行	…… 21
な行	…… 15	わ行	…… 22
✏ハングルで書いてみよう① … 16		小さい「っ」のばす「ー」…… 23	
✏おさらいクイズ① …… 17		✏ハングルで書いてみよう② … 24	
		✏おさらいクイズ② …… 25	

03 「がぎぐげご」を書いてみよう ……………………………………… 26

✏ハングルの書体のちがい … 26		きゃ、ぎゃ行	…… 34
が行	…… 27	しゃ、じゃ行	…… 35
ざ行	…… 28	ちゃ、ぢゃ行	…… 36
だ行	…… 29	にゃ、ひゃ行	…… 37
ば行	…… 30	びゃ、ぴゃ行	…… 38
ぱ行	…… 31	みゃ、りゃ行	…… 39
✏ハングルで書いてみよう③ … 32		✏ハングルで書いてみよう④ … 40	
✏おさらいクイズ③ …… 33		✏おさらいクイズ④ …… 41	

04 あいうえおハングル表 ……………………………………………… 42

05 自分の名前・相手の名前 …………………………………………… 44

06 ハングル表 …………………………………………………………… 46

07 パッチム　子音で終わる音 ………………………………………… 50

08 発音の変化 …………………………………………………………… 52

コラム 1　ハングルはどうやって入力する？ ………………………… 54

単語を練習しよう

- 01 食べ物 56
- 02 家族 58
- 03 ショッピング 60
- 04 エンターテインメント 62
- 05 K-POPの歌詞やドラマによく出てくる単語 64
- 06 数字 66
- 07 動詞 68
- 08 形容詞 70

コラム 2 SNSで使われる略語はどんな意味？ 72

フレーズを練習しよう

- 01 韓国語の文のしくみを知ろう 74
- 02 あいさつと返事 78
- 03 自己紹介する 80
- 04 質問する 82
- 05 好きなものを言う・聞く 84
- 06 願望を言う 86
- 07 お願いする 88
- 08 おうえんする 90
- 09 気持ちを伝える 92

✏️ おさらいクイズの答え合わせ 94

この本の使い方

　この本は、みなさんが韓国語を学ぶ第一歩として、ひとりでも楽しく勉強ができるようになるべくむずかしい言葉や説明を省いています。マスの中に書かれた文字をなぞり、文字の形を覚えながら、韓国語の単語・フレーズを学べるようにつくられています。

1 文字を練習しよう

2 単語を練習しよう

マスの中の文字を何度かなぞって、ハングルや単語、フレーズを覚えましょう。

3 フレーズを練習しよう

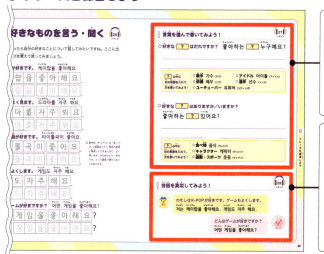

【言葉を選んで書いてみよう！】
下のわくの中から、自分の好きな単語を選んで、文章をつくってみましょう。

【会話を真似してみよう！】
そのページで学んだフレーズで、会話例をしょうかいしています。音声を聞きながら真似してみましょう。

　単語やフレーズは、ふだんの生活の中でもよく使われるものをしょうかいしています。友だちやおうちの人といっしょに、習った韓国語を会話に混ぜて話してみるのも楽しいですよ。

音声ダウンロードについて

音声マークがあるところは、実際のネイティブ音声を聞くことができます。発音の参考にしながら、単語やフレーズを声に出して練習してみましょう。

トラック

ヘッドホンのマークが目印だよ！

音声の聞き方

以下の手順でダウンロードしてください。

1 インターネットで永岡書店のホームページにアクセス。
https://www.nagaokashoten.co.jp/

2 『小学生からひとりで学べる！ いちばんやさしい韓国語』の書籍紹介ページから、「特典」ボタンをクリック。ダウンロードページが表示されたら、下記のパスワードを入力し、送信。

○パスワード
shoukan

発音表記について

本書では、韓国語の読み方にカタカナ表記でよみがなを入れています。できるだけ韓国語の音に近づくよう、よみがなを入れていますが、実際の発音はカタカナでは正確に表すことができません。よみがなはあくまでも参考として、発音は音声をよく聞いて身につけてください。

1

文字を練習しよう

　まずは、韓国の文字を覚えるところからスタート！ 日本語の「あ」から「ん」に当てはまる文字をハングルで書いてみましょう。おさらいのクイズを解いて覚えた文字の復習をするのも忘れずに。

文字のしくみを知ろう

韓国語は「ハングル」を使う

　日本語はひらがなやカタカナ、漢字などの文字を使いますが、韓国ではハングルを使います。ハングルの読み方は英語のローマ字読みとよく似ていて、そのしくみを理解できればむずかしいことはありません。

　ハングルは「子音」と「母音」の組み合わせでできています。子音はローマ字のk（か行）、s（さ行）、t（た行）、のようなもので、母音はローマ字のa（あ）、i（い）、u（う）、e（え）、o（お）のようなものです。

　例えば「きむら」という発音をローマ字とハングルで表すと、下のようになります。

　ローマ字は子音と母音の組み合わせで1つの音が成り立っています。ハングルもこれと同じ考え方で、子音と母音が必ずセットになって、1つの文字が完成します。

ハングルのしくみ

ハングルは o や ㅁ など、まるで記号のような形をした子音と、縦と横の長い線と短い線でつくられたような形の母音を組み合わせて文字を表します。

ハングルの子音	ハングルの母音
o , ㅁ , ㄷ　など	ㅏ , ㅗ , ㅡ　など

子音と母音は、それぞれ書く場所が決まっています。母音は、子音の右側か下側に書きます。

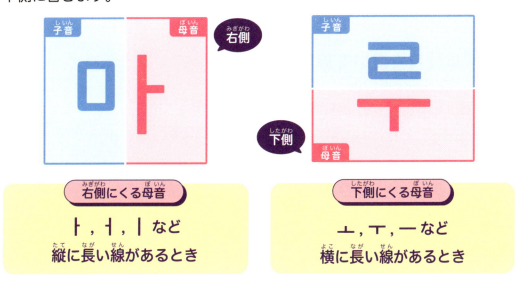

この文字の下に、さらに子音を追加することもできます。

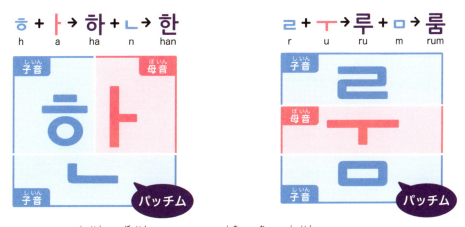

このように、子音と母音のセットの下に書く子音を、「パッチム」といいます。パッチムは、韓国語で「下じき」という意味です。

「あいうえお」を書いてみよう

日本語の「あいうえお」から「わをん」までのハングルを書いて練習してみましょう。日本語の言葉をハングルで書いたり、SNSや街で目にしたハングルが読めるようになったりするといいですね！

まずは母音を書いてみよう

韓国語は日本語よりも母音が多く、全部で21個あります。ここで登場する母音は9個です。これらの母音と、子音を組み合わせていきます。

まずは、9個の母音をなぞって書いてみましょう。

a	i	u	e	o	ya	yu	yo	wa
ㅏ	ㅣ	ㅜ	ㅔ	ㅗ	ㅑ	ㅠ	ㅛ	ㅘ

韓国語では ya、yu、yo、wa も母音になるんだね！

📝 日本語の「あ、い、う、え、お」にあてはまる
ハングルは、母音 ㅏ(a)、ㅣ(i)、ㅜ(u)、ㅔ(e)、
ㅗ(o)です。子音の位置には無音を表す
ㅇを入れます。

文字のしくみ

あ行はボールみたいな形の子音だね！

文字をなぞって書いてみよう！

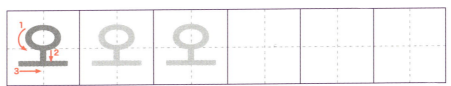

1 文字を練習しよう

か行は、kの音を表す子音ヨと、
母音 ㅏ (a)、ㅣ (i)、ㅜ (u)、ㅔ (e)、ㅗ (o) を
組み合わせて表します。

文字のしくみ

子音		母音		か行の完成!
ㅋ (k)	+	ㅏ (a) ㅣ (i) ㅜ (u) ㅔ (e) ㅗ (o)	→	카 か (ka) 키 き (ki) 쿠 く (ku) 케 け (ke) 코 こ (ko)

文字をなぞって書いてみよう！

か ka 카 카 카

き ki 키 키 키

く ku 쿠 쿠 쿠

け ke 케 케 케

こ ko 코 코 코

さ行は、sの音を表す子音ㅅと、
母音 ㅏ(a)、ㅣ(i)、ㅜ(u)、ㅔ(e)、ㅗ(o) を
組み合わせて表します。

文字のしくみ

子音		母音		さ行の完成！
ㅅ (s)	＋	ㅏ (a) ㅣ (i) ㅜ (u) ㅔ (e) ㅗ (o)	→	사 さ (sa) 시 し (si) 수 す (su) 세 せ (se) 소 そ (so)

文字をなぞって書いてみよう！

さ sa　사 사 사

し si　시 시 시

す su　수 수 수

せ se　세 세 세

そ so　소 소 소

1 文字を練習しよう

13

た行の「た、て、と」は、tの音を表す子音ㅌと、
母音ㅏ（a）、ㅔ（e）、ㅗ（o）を組み合わせます。
「ち、つ」は、chの音を表す子音ㅊと、
母音ㅣ（i）、ㅜ（u）を組み合わせて表します。

文字のしくみ

子音		母音		た行の完成！
ㅌ（t）	＋	ㅏ（a） ㅔ（e） ㅗ（o）	→	타 た（ta） 테 て（te） 토 と（to）
ㅊ（ch）	＋	ㅣ（i） ㅜ（u）	→	치 ち（chi） 추 つ（chu）

「티」は「てぃ」、「투」は「とぅ」の発音になるので、「ち」と「つ」の子音は「ㅊ（ch）」を使うよ！

文字をなぞって書いてみよう！

た ta　타 타 타

ち chi　치 치 치

つ chu　추 추 추

て te　테 테 테

と to　토 토 토

●韓国語には日本語の「つ」にあてはまるハングルがないので、「추（chu）」を使います。

✏️ な行は、nの音を表す子音 ㄴと、
母音 ㅏ(a)、ㅣ(i)、ㅜ(u)、ㅔ(e)、ㅗ(o) を
組み合わせて表します。

文字のしくみ

子音		母音		な行の完成！
ㄴ (n)	＋	ㅏ (a) ㅣ (i) ㅜ (u) ㅔ (e) ㅗ (o)	→	나 な (na) 니 に (ni) 누 ぬ (nu) 네 ね (ne) 노 の (no)

文字をなぞって書いてみよう！

な na		
に ni		
ぬ nu		
ね ne		
の no		

1 文字を練習しよう

15

ハングルで書いてみよう①

次の日本語をハングルで書いてみましょう。

☆ **あさ** 아사
| 아 | 사 | 아 | 사 |

☆ **たな** 타나
| 타 | 나 | 타 | 나 |

☆ **とけい** 토케이
| 토 | 케 | 이 | 토 | 케 | 이 |

☆ **つち** 추치
| 추 | 치 | 추 | 치 |

☆ **すし** 수시
| 수 | 시 | 수 | 시 |

☆ **かさ** 카사
| 카 | 사 | 카 | 사 |

☆ **たに** 타니
| 타 | 니 | 타 | 니 |

☆ **きく** 키쿠
| 키 | 쿠 | 키 | 쿠 |

☆ **いし** 이시
| 이 | 시 | 이 | 시 |

☆ **いぬ** 이누
| 이 | 누 | 이 | 누 |

☆ **ねこ** 네코
| 네 | 코 | 네 | 코 |

☆ **うし** 우시
| 우 | 시 | 우 | 시 |

☆ **おと** 오토
| 오 | 토 | 오 | 토 |

おさらいクイズ①

Q1 次のひらがなを表すハングルを
カッコの中から選びましょう。

1 せ（에・세）   4 か（카・나）

2 の（누・노）   5 て（테・티）

3 つ（추・치）   6 そ（오・소）

Q2 同じ読み方のハングルとひらがなを
線で結びましょう。

えと　・　　　・　나수

こたつ　・　　　・　에토

あいす　・　　　・　코타추

なす　・　　　・　아이수

さい　・　　　・　사이

わからないときは
前のページにもどって
確認しよう！

1 文字を練習しよう

は行は、hの音を表す子音 ㅎ と、母音 ㅏ（a）、ㅣ（i）、ㅜ（u）、ㅔ（e）、ㅗ（o）を組み合わせて表します。

文字のしくみ

子音		母音		は行の完成！
ㅎ（h）	＋	ㅏ（a） ㅣ（i） ㅜ（u） ㅔ（e） ㅗ（o）	→	하 は（ha） 히 ひ（hi） 후 ふ（hu） 헤 へ（he） 호 ほ（ho）

文字をなぞって書いてみよう！

📝 ま行は、mの音を表す子音ㅁと、
母音 ㅏ(a)、ㅣ(i)、ㅜ(u)、ㅔ(e)、ㅗ(o) を
組み合わせて表します。

文字のしくみ

子音		母音		ま行の完成！
ㅁ (m)	＋	ㅏ (a) ㅣ (i) ㅜ (u) ㅔ (e) ㅗ (o)	→	마 ま (ma) 미 み (mi) 무 む (mu) 메 め (me) 모 も (mo)

文字をなぞって書いてみよう！

ま ma	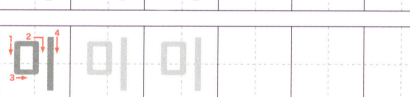
み mi	
む mu	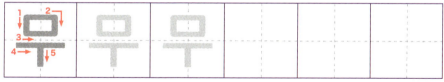
め me	
も mo	

1 文字を練習しよう

19

📝 「や、ゆ、よ」は、子音の位置に無音を表す ㅇを入れ、母音 ㅑ（ya）、ㅠ（yu）、ㅛ（yo）と組み合わせて表します。

文字のしくみ

子音	母音	や行の完成！
ㅇ	ㅑ (ya) ㅠ (yu) ㅛ (yo)	야 や (ya) 유 ゆ (yu) 요 よ (yo)

文字をなぞって書いてみよう！

や ya

ゆ yu

よ yo

ら行は、rの音を表す子音ㄹと、母音 ㅏ(a)、ㅣ(i)、ㅜ(u)、ㅔ(e)、ㅗ(o) を組み合わせて表します。

文字のしくみ

子音		母音		ら行の完成!
ㄹ (r)	+	ㅏ (a) ㅣ (i) ㅜ (u) ㅔ (e) ㅗ (o)	→	라 ら (ra) 리 り (ri) 루 る (ru) 레 れ (re) 로 ろ (ro)

文字をなぞって書いてみよう！

ら ra

り ri

る ru

れ re

ろ ro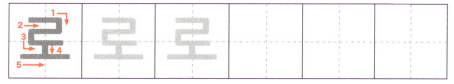

1 文字を練習しよう

「わ」は、無音を表すㅇと母音ㅘ（wa）を組み合わせます。「を」は、「お」（11ページ）と同じく無音ㅇと母音ㅗ（o）を組み合わせて表します。「ん」は子音のㄴ（n）で表すことが多いです。ㄴは必ずパッチムのところに書きます。

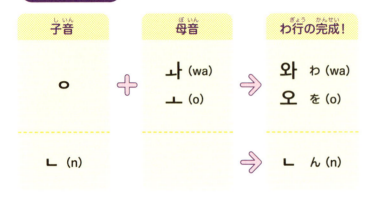

文字をなぞって書いてみよう！

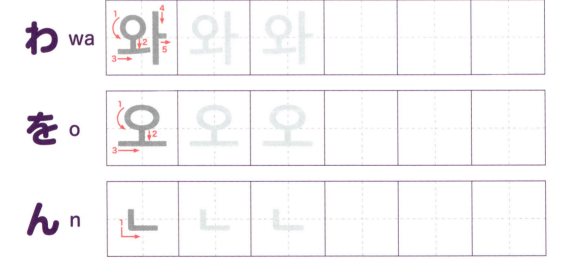

小さい「っ」 のばす「ー」

✏️ 小さい「っ」は子音ㅅで表し、パッチムのところに書きます。例えば「あっ」は無音を表すㅇと、母音ㅏ（a）を組み合わせて아とし、ㅅを下に書いて、앗にします。

아 (a)				あっ
나 (na)	+	子音 ㅅ	→	앗 なっ
				낫

文字をなぞって書いてみよう！

っ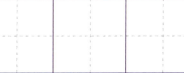

❗ のばす音『ー』はどう表す？

　韓国語には日本語のように「ー」を入れて、はっきりと音をのばす習慣がありません。のばす「う」や「ー」が入っている日本語を韓国語で表すときは、以下のように「う」や「ー」を省略します。例えば、「佐藤（さとう）」は、사토（さと）。「テーマ」は、테마（てま）と表記し、発音します。

さとう　　サト（「う」は書かない！）

テーマ　　テマ（「ー」は書かない！）

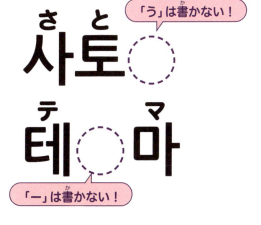

1 文字を練習しよう

ハングルで書いてみよう②

次の日本語をハングルで書いてみましょう。

☆ はな　하나

| 하 | 나 | 하 | 나 |

☆ よる　요루

| 요 | 루 | 요 | 루 |

☆ らーゆ　라유

| 라 | 유 | 라 | 유 |

☆ ひめ　히메

| 히 | 메 | 히 | 메 |

☆ ほこり　호코리

| 호 | 코 | 리 | 호 | 코 | 리 |

☆ むし　무시

| 무 | 시 | 무 | 시 |

☆ ふゆ　후유

| 후 | 유 | 후 | 유 |

☆ れんこん　렌콘

| 렌 | 콘 | 렌 | 콘 |

☆ ワニ　와니

| 와 | 니 | 와 | 니 |

☆ へや　헤야

| 헤 | 야 | 헤 | 야 |

☆ メロン　메론

| 메 | 론 | 메 | 론 |

☆ まりも　마리모

| 마 | 리 | 모 | 마 | 리 | 모 |

おさらいクイズ②

Q1 次の□にハングルを書いて言葉を完成させましょう。

やり　　야□　　　　かめ　　카□

へちま　□치마　　　みらい　□□이

マラカス　□□카수

Q2 下のわくから合うものを選び、□に文字を書いて動物の名前を完成させましょう。

カワウソ
카□□□

シマウマ
□□□마

コアラ
□□□

アリクイ
아□□□

イノシシ
□□□시

キツネ
□□□

코아라	리쿠이	이노시
시마우	키추네	와우소

ハングルを読むのも少しなれてきたかな？

03 「がぎぐげご」を書いてみよう

ここでは日本語の「がぎぐげご」のように、「゛」や「゜」がつく発音のハングルを覚えましょう。

それから、小さい「ゃ、ゅ、ょ」がついている文字に当てはまるハングルも覚えてみましょう！

ハングルの書体のちがい

日本語にさまざまな書体があるように、ハングルも同じ字でも書体によって形がちがうことがあります。

日本語の書体のちがい

【明朝体】あいうえお　【ゴシック体】あいうえお

ハングルの書体のちがい

한국어 (ハングゴ)	この本で使っている書体です。
한국어 (ハングゴ)	筆で書いたような書体です。子音 ㅇ の上に縦棒がついていることもありますが、書くときは縦棒はつけません。
한국어 (ハングゴ)	子音 ㅎ の一画目が縦棒として表されることもあります。このように書いてもだいじょうぶです。
자 (ざ)	この本で使っている書体です。
자 (ざ)	子音 ㅈ は一画目の横棒から枝分かれした形（ㅈ）で表されることもありますが、同じ子音です。ふつう ㅈ と書きます。

が行は、gの音を表す子音ㄱと、母音ㅏ(a)、ㅣ(i)、ㅜ(u)、ㅔ(e)、ㅗ(o)を組み合わせて表します。

文字のしくみ

子音		母音		が行の完成！
ㄱ (g)	＋	ㅏ (a) ㅣ (i) ㅜ (u) ㅔ (e) ㅗ (o)	→	가 が (ga) 기 ぎ (gi) 구 ぐ (gu) 게 げ (ge) 고 ご (go)

文字をなぞって書いてみよう！

1 文字を練習しよう

✏️ ざ行は、jの音を表す子音ㅈと、
母音 ㅏ(a)、ㅣ(i)、ㅜ(u)、ㅔ(e)、ㅗ(o)を
組み合わせて表します。

文字のしくみ

子音		母音		ざ行の完成！
ㅈ (j)	＋	ㅏ (a) ㅣ (i) ㅜ (u) ㅔ (e) ㅗ (o)	→	자 ざ (ja) 지 じ (ji) 주 ず (ju) 제 ぜ (je) 조 ぞ (jo)

文字をなぞって書いてみよう！

● 韓国語には日本語の「ざ」行にあてはまるハングルがないので、「ㅈ(j)」の子音を使います。

📝 だ行の「だ、で、ど」は、dの音を表す子音ㄷと、母音ㅏ(a)、ㅔ(e)、ㅗ(o)を組み合わせます。
「ぢ、づ」は、jの音を表す子音ㅈと、ㅣ(i)、ㅜ(u)を組み合わせて表します。

文字のしくみ

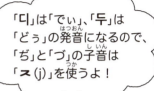

「디」は「でぃ」、「두」は「どぅ」の発音になるので、「ぢ」と「づ」の子音は「ㅈ(j)」を使うよ！

文字をなぞって書いてみよう！

● 韓国語には日本語の「づ」にあてはまるハングルがないので、「주(ju)」を使います。

1 文字を練習しよう

ば行は、bの音を表す子音 ㅂ と、
母音 ㅏ (a)、ㅣ (i)、ㅜ (u)、ㅔ (e)、ㅗ (o) を
組み合わせて表します。

文字のしくみ

子音		母音		ば行の完成！
ㅂ (b)	＋	ㅏ (a) ㅣ (i) ㅜ (u) ㅔ (e) ㅗ (o)	→	바 ば (ba) 비 び (bi) 부 ぶ (bu) 베 べ (be) 보 ぼ (bo)

文字をなぞって書いてみよう！

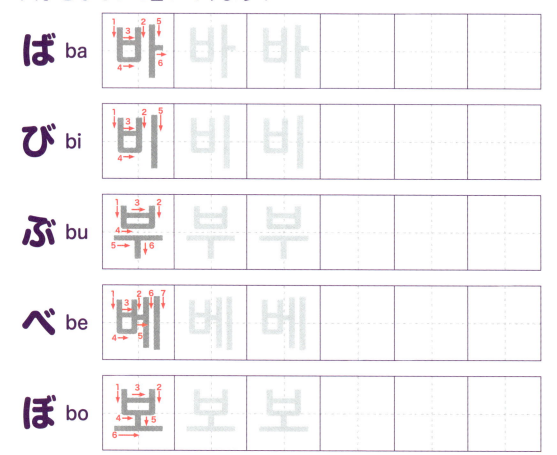

ば ba
び bi
ぶ bu
べ be
ぼ bo

30

ぱ行は、pの音を表す子音ㅍと、
母音 ㅏ（a）、ㅣ（i）、ㅜ（u）、ㅔ（e）、ㅗ（o）を
組み合わせて表します。

文字のしくみ

子音		母音		ぱ行の完成！
ㅍ（p）	＋	ㅏ（a） ㅣ（i） ㅜ（u） ㅔ（e） ㅗ（o）	→	파 ぱ（pa） 피 ぴ（pi） 푸 ぷ（pu） 페 ぺ（pe） 포 ぽ（po）

文字をなぞって書いてみよう！

1 文字を練習しよう

ハングルで書いてみよう③

次の日本語をハングルで書いてみましょう。

☆ **ぶどう** 부도
부도 부도

☆ **はっぴ** 핫피
핫피 핫피

☆ **ぎんが** 긴가
긴가 긴가

☆ **ビーズ** 비주
비주 비주

☆ **らくだ** 라쿠다
라쿠다 라쿠다

☆ **だんご** 단고
단고 단고

☆ **プリン** 푸린
푸린 푸린

☆ **ベランダ** 베란다
베란다 베란다

☆ **かぜ** 카제
카제 카제

☆ **でんわ** 덴와
덴와 덴와

☆ **ざくろ** 자쿠로
자쿠로 자쿠로

おさらいクイズ③

Q1 次のひらがなを表すハングルをカッコの中から選びましょう。

① づ（주・구）　　④ ぱ（마・파）

② ぶ（부・루）　　⑤ じ（지・디）

③ ぽ（호・포）　　⑥ べ（베・레）

Q2 同じ読み方のハングルとひらがなを線で結びましょう。

たんぽぽ ●	● 돈구리
えび ●	● 아사가오
どんぐり ●	● 탄포포
くらげ ●	● 에비
あさがお ●	● 바라
ばら ●	● 쿠라게

1 文字を練習しよう

きゃ行は、kの音を表す子音ヨに、ぎゃ行はgの音を表す子音ㄱに、それぞれ母音ㅑ（ya）、ㅠ（yu）、ㅛ（yo）を組み合わせて表します。

文字のしくみ

子音		母音		きゃ行、ぎゃ行の完成！
ㅋ（k）	＋	ㅑ（ya） ㅠ（yu） ㅛ（yo）	→	캬　きゃ（kya） 큐　きゅ（kyu） 쿄　きょ（kyo）
ㄱ（g）	＋	ㅑ（ya） ㅠ（yu） ㅛ（yo）	→	갸　ぎゃ（gya） 규　ぎゅ（gyu） 교　ぎょ（gyo）

文字をなぞって書いてみよう！

きゃ kya　캬 캬 캬

きゅ kyu　큐 큐 큐

きょ kyo　쿄 쿄 쿄

ぎゃ gya　갸 갸 갸

ぎゅ gyu　규 규 규

ぎょ gyo　교 교 교

しゃ行は、sの音を表す子音ㅅに、じゃ行は、jの音を表す子音ㅈにそれぞれ母音ㅑ（ya）、ㅠ（yu）、ㅛ（yo）を組み合わせて表します。

文字のしくみ

子音	母音	しゃ行、じゃ行の完成！
ㅅ（s） +	ㅑ（ya） ㅠ（yu） ㅛ（yo） →	샤　しゃ（sya） 슈　しゅ（syu） 쇼　しょ（syo）
ㅈ（j） +	ㅑ（ya） ㅠ（yu） ㅛ（yo） →	쟈　じゃ（jya） 쥬　じゅ（jyu） 죠　じょ（jyo）

文字をなぞって書いてみよう！

1 文字を練習しよう

35

ちゃ行は、chの音を表す子音ㅊに、ぢゃ行はjの音を表す子音ㅈに、それぞれ母音ㅑ（ya）、ㅠ（yu）、ㅛ（yo）を組み合わせて表します。
ぢゃ行と、じゃ行（35ページ）のハングルは同じです。

文字のしくみ

子音	母音	ちゃ行、ぢゃ行の完成！
ㅊ (ch) +	ㅑ (ya) ㅠ (yu) ㅛ (yo)	챠 ちゃ (chya) 츄 ちゅ (chyu) 쵸 ちょ (chyo)
ㅈ (j) +	ㅑ (ya) ㅠ (yu) ㅛ (yo)	쟈 じゃ (jya) 쥬 じゅ (jyu) 죠 じょ (jyo)

文字をなぞって書いてみよう！

ちゃ chya　　챠
ちゅ chyu　　츄
ちょ chyo　　쵸
ぢゃ jya　　쟈
ぢゅ jyu　　쥬
ぢょ jyo　　죠

📝 にゃ行は、nの音を表す子音ㄴに、ひゃ行はhの音を表す子音ㅎに、それぞれ母音ㅑ（ya）、ㅠ（yu）、ㅛ（yo）を組み合わせて表します。

文字のしくみ

子音		母音		にゃ行、ひゃ行の完成！
ㄴ（n）	＋	ㅑ（ya） ㅠ（yu） ㅛ（yo）	→	냐 にゃ（nya） 뉴 にゅ（nyu） 뇨 にょ（nyo）
ㅎ（h）	＋	ㅑ（ya） ㅠ（yu） ㅛ（yo）	→	햐 ひゃ（hya） 휴 ひゅ（hyu） 효 ひょ（hyo）

文字をなぞって書いてみよう！

びゃ、ぴゃ

📝 びゃ行は、bの音を表す子音ㅂに、ぴゃ行はpの音を表す子音ㅍに、それぞれ母音ㅑ(ya)、ㅠ(yu)、ㅛ(yo)を組み合わせて表します。

文字のしくみ

子音	母音	びゃ行、ぴゃ行の完成！
ㅂ (b)	ㅑ (ya) ㅠ (yu) ㅛ (yo)	뱌 びゃ (bya) 뷰 びゅ (byu) 뵤 びょ (byo)
ㅍ (p)	ㅑ (ya) ㅠ (yu) ㅛ (yo)	퍄 ぴゃ (pya) 퓨 ぴゅ (pyu) 표 ぴょ (pyo)

文字をなぞって書いてみよう！

びゃ bya

びゅ byu

びょ byo

ぴゃ pya

ぴゅ pyu

ぴょ pyo

みゃ行は、mの音を表す子音ㅁに、りゃ行はrの音を表す子音ㄹに、それぞれ母音ㅑ（ya）、ㅠ（yu）、ㅛ（yo）を組み合わせて表します。

文字のしくみ

子音	母音	みゃ行、りゃ行の完成！
ㅁ（m） +	ㅑ（ya） ㅠ（yu） ㅛ（yo） →	먀 みゃ（mya） 뮤 みゅ（myu） 묘 みょ（myo）
ㄹ（r） +	ㅑ（ya） ㅠ（yu） ㅛ（yo） →	랴 りゃ（rya） 류 りゅ（ryu） 료 りょ（ryo）

文字をなぞって書いてみよう！

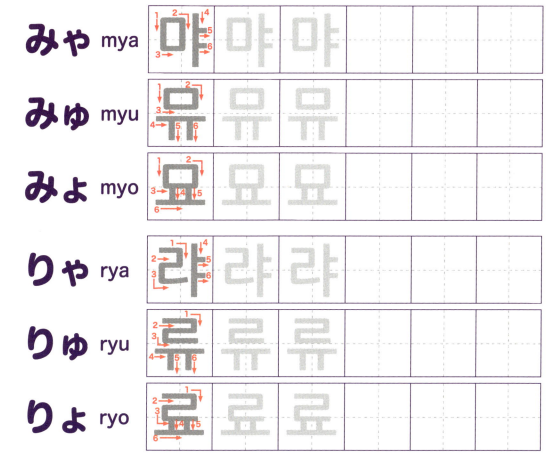

ハングルで書いてみよう④

次の日本語をハングルで書いてみましょう。

☆ しゃしん　샤신

| 샤 | 신 |

☆ びょういん　뵤인

| 뵤 | 인 |

☆ キャンプ　캰푸

| 캰 | 푸 |

☆ りょうり　료리

| 료 | 리 |

☆ にゅうがく　뉴가쿠

| 뉴 | 가 | 쿠 |

☆ ひょうしき　효시키

| 효 | 시 | 키 |

☆ じゃがいも　쟈가이모

| 쟈 | 가 | 이 | 모 |

☆ みょうが　묘가

| 묘 | 가 |

☆ しゅみ　슈미

| 슈 | 미 |

☆ おちゃ　오챠

| 오 | 챠 |

☆ しょっき　숏키

| 숏 | 키 |

おさらいクイズ④

Q1 次の□にハングルを書いて言葉を完成させましょう。

じしょ 지□

じどうしゃ □도

ニュース □수

ミュージシャン □지

Q2 下の5つの言葉が表のどこかにかくれています。見つけて丸で囲みましょう。言葉は左から右、もしくは上から下に向かってならんでいます。

- うわばき
- しょうがくせい
- ランドセル
- たいそうぎ
- きゅうしょく

란	도	세	루	챠	오	큐	냐
투	가	바	퓨	호	네	쇼	키
모	쇼	오	누	이	뮤	쿠	소
지	가	와	묘	구	아	루	야
피	쿠	누	사	게	도	쵸	로
와	세	피	리	무	쇼	쿠	타
우	이	난	우	와	바	키	후
시	키	수	타	이	소	기	냐

1 文字を練習しよう

あいうえおハングル表

　これまで学んだハングルです。自分の名前や友だち、家族の名前を書いてみましょう。

あ a	い i	う u	え e	お o	か ka	き ki	く ku	け ke	こ ko
아	이	우	에	오	카	키	쿠	케	코

さ sa	し si	す su	せ se	そ so	た ta	ち chi	つ chu	て te	と to
사	시	수※1	세	소	타	치	추※1	테	토

な na	に ni	ぬ nu	ね ne	の no	は ha	ひ hi	ふ hu	へ he	ほ ho
나	니	누	네	노	하	히	후	헤	호

ま ma	み mi	む mu	め me	も mo	や ya		ゆ yu		よ yo
마	미	무	메	모	야		유		요

ら ra	り ri	る ru	れ re	ろ ro	わ wa		を o		ん n
라	리	루	레	로	와		오		ㄴ

が ga	ぎ gi	ぐ gu	げ ge	ご go	ざ ja	じ ji	ず ju	ぜ je	ぞ jo
가	기	구	게	고	자	지	주※1	제	조

だ da	ぢ ji	づ ju	で de	ど do	ば ba	び bi	ぶ bu	べ be	ぼ bo
다	지	주※1	데	도	바	비	부	베	보

42

ぱ pa	ぴ pi	ぷ pu	ぺ pe	ぽ po
파	피	푸	페	포

きゃ kya	きゅ kyu	きょ kyo	ぎゃ gya	ぎゅ gyu	ぎょ gyo
캬	큐	쿄	갸	규	교

しゃ sya	しゅ syu	しょ syo	じゃ jya	じゅ jyu	じょ jyo ※2
샤	슈	쇼	쟈	쥬	죠

ちゃ chya	ちゅ chyu	ちょ chyo	ぢゃ jya	ぢゅ jyu	ぢょ jyo ※2
쨔	쮸	쬬	쟈	쥬	죠

にゃ nya	にゅ nyu	にょ nyo
냐	뉴	뇨

ひゃ hya	ひゅ hyu	ひょ hyo	びゃ bya	びゅ byu	びょ byo	ぴゃ pya	ぴゅ pyu	ぴょ pyo
햐	휴	효	뱌	뷰	뵤	퍄	퓨	표

みゃ mya	みゅ myu	みょ myo
먀	뮤	묘

りゃ rya	りゅ ryu	りょ ryo
랴	류	료

小さい「っ」はパッチムのところに「ㅅ」と書くことも覚えておいてね！

※1 「す」は「스」、「つ」は「츠／쯔」、「ず」や「づ」は「즈」で表されることもあります。

※2 「ちゃちゅちょ」は「차추초」、「じゃじゅじょ／ぢゃぢゅぢょ」は「자주조」で表されることもあります。

1 文字を練習しよう

43

05 自分の名前・相手の名前

42ページのあいうえおハングル表を見ながら、文字を書いてみましょう。

☆ **自分の名前**

_____

☆ **家族の名前**

_____

_____

☆ **友だちの名前**

_____

_____

☆好きなアニメやマンガのキャラクターの名前

☆好きな食べ物

☆住んでいる都道府県

☆住んでいるところから一番近い駅

ハングル表

　日本語に五十音表があるように、韓国語にもハングルの一覧表（反切表）があります。韓国語の子音と母音を組み合わせると、下の表のような文字になります。

☆基本子音と基本母音の組み合わせ

子音 \ 母音	ㅏ a	ㅑ ya	ㅓ eo	ㅕ yeo	ㅗ o	ㅛ yo	ㅜ u	ㅠ yu	ㅡ eu	ㅣ i
ㄱ k/g	가 カ ka	갸 キャ kya	거 コ keo	겨 キョ kyeo	고 コ ko	교 キョ kyo	구 ク ku	규 キュ kyu	그 ク keu	기 キ ki
ㄴ n	나 ナ na	냐 ニャ nya	너 ノ neo	녀 ニョ nyeo	노 ノ no	뇨 ニョ nyo	누 ヌ nu	뉴 ニュ nyu	느 ヌ neu	니 ニ ni
ㄷ t/d	다 タ ta	댜 ティャ tya	더 ト teo	뎌 ティョ tyeo	도 ト to	됴 ティョ tyo	두 トゥ tu	듀 ティュ tyu	드 トゥ teu	디 ティ ti
ㄹ r	라 ラ ra	랴 リャ rya	러 ロ reo	려 リョ ryeo	로 ロ ro	료 リョ ryo	루 ル ru	류 リュ ryu	르 ル reu	리 リ ri
ㅁ m	마 マ ma	먀 ミャ mya	머 モ meo	며 ミョ myeo	모 モ mo	묘 ミョ myo	무 ム mu	뮤 ミュ myu	므 ム meu	미 ミ mi
ㅂ p/b	바 パ pa	뱌 ピャ pya	버 ポ peo	벼 ピョ pyeo	보 ポ po	뵤 ピョ pyo	부 プ pu	뷰 ピュ pyu	브 プ peu	비 ピ pi
ㅅ s	사 サ sa	샤 シャ sya	서 ソ seo	셔 ショ syeo	소 ソ so	쇼 ショ syo	수 ス su	슈 シュ syu	스 ス seu	시 シ si
ㅇ 無音/ng	아 ア a	야 ヤ ya	어 オ eo	여 ヨ yeo	오 オ o	요 ヨ yo	우 ウ u	유 ユ yu	으 ウ eu	이 イ i
ㅈ ch/j	자 チャ cha	쟈 チャ chya	저 チョ cheo	져 チョ chyeo	조 チョ cho	죠 チョ chyo	주 チュ chu	쥬 チュ chyu	즈 チュ cheu	지 チ chi
ㅎ h	하 ハ ha	햐 ヒャ hya	허 ホ heo	혀 ヒョ hyeo	호 ホ ho	효 ヒョ hyo	후 フ hu	휴 ヒュ hyu	흐 フ heu	히 ヒ hi

●韓国語の単語を読むとき、子音ㄱ、ㄷ、ㅂ、ㅈが一文字目の場合はにごる音になりません。ㄱはk、ㄷはt、ㅂはp、ㅈはchに近い音になります。

46ページの基本子音以外に、「激音」と呼ばれる4個の子音と、「濃音」と呼ばれる5個の子音があります。激音のハングルは基本子音に線を足すなどで形が少し変わり、濃音は基本子音を二つならべた形になります。

☆ 激音・濃音と基本母音の組み合わせ

🎧 トラック 02

激音

平音と呼ばれる子音のㄱ、ㄷ、ㅂ、ㅈは息が少し出るのに比べ、激音のㅋ、ㅌ、ㅍ、ㅊは速くて激しい息が出ます。

子音\母音	ㅏ a	ㅑ ya	ㅓ eo	ㅕ yeo	ㅗ o	ㅛ yo	ㅜ u	ㅠ yu	ㅡ eu	ㅣ i
ㅋ k	카 カ ka	캬 キャ kya	커 コ keo	켜 キョ kyeo	코 コ ko	쿄 キョ kyo	쿠 ク ku	큐 キュ kyu	크 ク keu	키 キ ki
ㅌ t	타 タ ta	탸 ティヤ tya	터 ト teo	텨 ティヨ tyeo	토 ト to	툐 ティヨ tyo	투 トゥ tu	튜 ティユ tyu	트 トゥ teu	티 ティ ti
ㅍ p	파 パ pa	퍄 ピャ pya	퍼 ポ peo	펴 ピョ pyeo	포 ポ po	표 ピョ pyo	푸 プ pu	퓨 ピュ pyu	프 プ peu	피 ピ pi
ㅊ ch	차 チャ cha	챠 チャ chya	처 チョ cheo	쳐 チョ chyeo	초 チョ cho	쵸 チョ chyo	추 チュ chu	츄 チュ chyu	츠 チュ cheu	치 チ chi

濃音

濃音のㄲ、ㄸ、ㅃ、ㅆ、ㅉは前に小さい「っ」が入ったように発音する音です。息をもらさないよう、つまったように発音します。

発音のイメージ

- 「까」：まっかと言うときの「っか」
- 「따」：あったかいと言うときの「った」
- 「빠」：やっぱりと言うときの「っぱ」
- 「싸」：あっさりと言うときの「っさ」
- 「짜」：ぽっちゃりと言うときの「っちゃ」

		ㅏ	ㅑ	ㅓ	ㅕ	ㅗ	ㅛ	ㅜ	ㅠ	ㅡ	ㅣ
ㄲ	kk	까 ッカ kka	꺄 ッキャ kkya	꺼 ッコ kkeo	껴 ッキョ kkyeo	꼬 ッコ kko	꾜 ッキョ kkyo	꾸 ック kku	뀨 ッキュ kkyu	끄 ック kkeu	끼 ッキ kki
ㄸ	tt	따 ッタ tta	땨 ッティヤ ttya	떠 ット tteo	뗘 ッティヨ ttyeo	또 ット tto	뚀 ッティヨ ttyo	뚜 ットゥ ttu	뜌 ッティユ ttyu	뜨 ットゥ tteu	띠 ッティ tti
ㅃ	pp	빠 ッパ ppa	뺘 ッピャ ppya	뻐 ッポ ppeo	뼈 ッピョ ppyeo	뽀 ッポ ppo	뾰 ッピョ ppyo	뿌 ップ ppu	쀼 ッピュ ppyu	쁘 ップ ppeu	삐 ッピ ppi
ㅆ	ss	싸 ッサ ssa	쌰 ッシャ ssya	써 ッソ sseo	쎠 ッショ ssyeo	쏘 ッソ sso	쑈 ッショ ssyo	쑤 ッス ssu	쓔 ッシュ ssyu	쓰 ッス sseu	씨 ッシ ssi
ㅉ	cch	짜 ッチャ ccha	쨔 ッチャ cchya	쩌 ッチョ ccheo	쪄 ッチョ cchyeo	쪼 ッチョ ccho	쬬 ッチョ cchyo	쭈 ッチュ cchu	쮸 ッチュ cchyu	쯔 ッチュ ccheu	찌 ッチ cchi

子音ㅓとㅗなど同じ発音にみえるものでも、発音の仕方はちがいます。発音のちがいは下の表を参考にしてください。

「お、う、よ」のちがい

お	ㅓ	日本語の「あ」と「お」の中間のような音
	ㅗ	口を丸くすぼめて発音する
う	ㅜ	口を丸くすぼめて、つき出すように発音する
	ㅡ	「ㅡ」は口を横に引いた「い」の口の形のまま「う」と発音する
よ	ㅑ	口を大きく丸く広げて発音する
	ㅛ	日本語の「よ」の音と似ていて、口をすぼめて発音する

1 文字を練習しよう

47

韓国語の母音には、10個の基本母音以外に、二重母音と呼ばれる母音が11個あります。二重母音は、基本母音を二つ以上合わせたような形です。

☆基本子音と二重母音の組み合わせ

トラック03

子音\母音	ㅐ ae	ㅒ yae	ㅔ e	ㅖ ye	ㅘ wa	ㅙ wae	ㅚ woe	ㅝ wo	ㅞ we	ㅟ wi	ㅢ※ ui/i
ㄱ k/g	개 ケ kae	걔 キェ kyae	게 ケ ke	계 キェ kye	과 クァ kwa	괘 クェ kwae	괴 クェ kwoe	궈 クォ kwo	궤 クェ kwe	귀 クィ kwi	긔 キ ki
ㄴ n	내 ネ nae	냬 ニェ nyae	네 ネ ne	녜 ニェ nye	놔 ヌァ nwa	놰 ヌェ nwae	뇌 ヌェ nwoe	눠 ヌォ nwo	눼 ヌェ nwe	뉘 ヌィ nwi	늬 ニ ni
ㄷ t/d	대 テ tae	댸 ティェ tyae	데 テ te	뎨 ティェ tye	돠 トゥァ twa	돼 トゥェ twae	되 トゥェ twoe	둬 トゥォ two	뒈 トゥェ twe	뒤 トゥィ twi	듸 ティ ti
ㄹ r	래 レ rae	럐 リェ ryae	레 レ re	례 リェ rye	롸 ルァ rwa	뢔 ルェ rwae	뢰 ルェ rwoe	뤄 ルォ rwo	뤠 ルェ rwe	뤼 ルィ rwi	릐 リ ri
ㅁ m	매 メ mae	먜 ミェ myae	메 メ me	몌 ミェ mye	뫄 ムァ mwa	뫠 ムェ mwae	뫼 ムェ mwoe	뭐 ムォ mwo	뭬 ムェ mwe	뮈 ムィ mwi	믜 ミ mi
ㅂ p/b	배 ペ pae	뱨 ピェ pyae	베 ペ pe	볘 ピェ pye	봐 プァ pwa	봬 プェ pwae	뵈 プェ pwoe	붜 プォ pwo	붸 プェ pwe	뷔 プィ pwi	븨 ピ pi
ㅅ s	새 セ sae	섀 シェ syae	세 セ se	셰 シェ sye	솨 スァ swa	쇄 スェ swae	쇠 スェ swoe	숴 スォ swo	쉐 スェ swe	쉬 スィ swi	싀 シ si
ㅇ 無音/ng	애 エ ae	얘 イェ yae	에 エ e	예 イェ ye	와 ワ wa	왜 ウェ wae	외 ウェ woe	워 ウォ wo	웨 ウェ we	위 ウィ wi	의 ウィ/イ ui/i
ㅈ ch/j	재 チェ chae	쟤 チェ chyae	제 チェ che	졔 チェ chye	좌 チュァ chwa	좨 チュェ chwae	죄 チュェ chwoe	줘 チュォ chwo	줴 チュェ chwe	쥐 チュィ chwi	즤 チ chi
ㅎ h	해 ヘ hae	햬 ヒェ hyae	헤 ヘ he	혜 ヒェ hye	화 ファ hwa	홰 フェ hwae	회 フェ hwoe	훠 フォ hwo	훼 フェ hwe	휘 フィ hwi	희 ヒ hi

複雑そうに見える二重母音は、形はちがっても同じ発音になる文字がいくつかあります。ㅐとㅔは「エ」、ㅒとㅖは「イェ」、ㅙ、ㅚ、ㅞは「ウェ」と、それぞれ同じ音と考えてもだいじょうぶです。

※母音ㅢは、ㅇ以外の子音と組み合わさると、ㅣ（イ）の発音になります。

下のように、激音、濃音と、二重母音を組み合わせることもできます。この中には実際に使われない文字もあるので、組み合わせるとこうなるんだ、と参考までに見てみてください。

☆ 激音・濃音と二重母音の組み合わせ

激音

トラック 04

子音 \ 母音		ㅐ ae	ㅒ yae	ㅔ e	ㅖ ye	ㅘ wa	ㅙ wae	ㅚ woe	ㅝ wo	ㅞ we	ㅟ wi	ㅢ ui/i
ㅋ	k	캐 ケ kae	컈 キェ kyae	케 ケ ke	켸 キェ kye	콰 クァ kwa	쾌 クェ kwae	쾨 クェ kwoe	쿼 クォ kwo	퀘 クェ kwe	퀴 クィ kwi	킈 キ ki
ㅌ	t	태 テ tae	턔 ティェ tyae	테 テ te	톄 ティェ tye	톼 トゥァ twa	퇘 トゥェ twae	퇴 トゥェ twoe	퉈 トゥォ two	퉤 トゥェ twe	튀 トゥィ twi	틔 ティ ti
ㅍ	p	패 ペ pae	퍠 ピェ pyae	페 ペ pe	폐 ピェ pye	퐈 プァ pwa	퐤 プェ pwae	푀 プェ pwoe	풔 プォ pwo	풰 プェ pwe	퓌 プィ pwi	픠 ピ pi
ㅊ	ch	채 チェ chae	챼 チェ chyae	체 チェ che	쳬 チェ chye	촤 チュァ chwa	쵀 チュェ chwae	최 チュェ chwoe	춰 チュォ chwo	췌 チュェ chwe	취 チュィ chwi	츼 チ chi

濃音

		ㅐ	ㅒ	ㅔ	ㅖ	ㅘ	ㅙ	ㅚ	ㅝ	ㅞ	ㅟ	ㅢ
ㄲ	kk	깨 ッケ kkae	꺠 ッキェ kkyae	께 ッケ kke	꼐 ッキェ kkye	꽈 ックァ kkwa	꽤 ックェ kkwae	꾀 ックェ kkwoe	꿔 ックォ kkwo	꿰 ックェ kkwe	뀌 ックィ kkwi	끠 ッキ kki
ㄸ	tt	때 ッテ ttae	떄 ッティェ ttyae	떼 ッテ tte	뗴 ッティェ ttye	똬 ットゥァ ttwa	뙈 ットゥェ ttwae	뙤 ットゥェ ttwoe	뛰 ットゥォ ttwo	뛔 ットゥェ ttwe	뛰 ットゥィ ttwi	띄 ッティ tti
ㅃ	pp	빼 ッペ ppae	뺴 ッピェ ppyae	뻬 ッペ ppe	뼤 ッピェ ppye	뽜 ップァ ppwa	뽸 ップェ ppwae	뾔 ップェ ppwoe	뿨 ップォ ppwo	쀄 ップェ ppwe	쀠 ップィ ppwi	쁴 ッピ ppi
ㅆ	ss	쌔 ッセ ssae	썌 ッシェ ssyae	쎄 ッセ sse	쎼 ッシェ ssye	쏴 ッスァ sswa	쐐 ッスェ sswae	쐬 ッスェ sswoe	쒀 ッスォ sswo	쒜 ッスェ sswe	쒸 ッスィ sswi	씌 ッシ ssi
ㅉ	cch	째 ッチェ cchae	쨰 ッチェ cchyae	쩨 ッチェ cche	쪠 ッチェ cchye	쫘 ッチュァ cchwa	쫴 ッチュェ cchwae	쬐 ッチュェ cchwoe	쭤 ッチュォ cchwo	쮀 ッチュェ cchwe	쮜 ッチュィ cchwi	쯰 ッチ cchi

●本文や単語のカタカナ読みは、できるだけ実際の発音に近づけてふっているので、ハングル表のよみがなとは異なる場合があります。

パッチム 子音で終わる音

ハングルは基本的に、子音と母音を横か縦にならべて文字をつくりますが、9ページで紹介したように、さらにその下に子音が入ることもあります。これを「下じき」という意味で「パッチム」と呼びます。

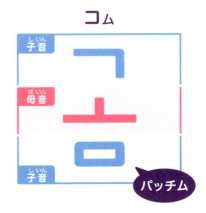

☆パッチムになる子音

子音	発音
ㄴ	n（ン）：舌先を前歯の裏側につけて「ン」と発音するイメージ
ㄹ	r（ル）：まる（maru）のuまで言わずにmarと、舌先を前歯の裏側より少しおくにつけたまま発音するイメージ
ㅁ	m（ム）：さんま（samma）のmaを言わずにsamと、上下のくちびるをくっつけて閉じたまま発音するイメージ
ㅂ、ㅍ	p（プ）：はっぱ（happa）のpaまで言わずにhapと、上下のくちびるをくっつけて閉じたまま発音するイメージ
ㄱ、ㅋ、ㄲ	k（ク）：まっか（makka）のkaを言わずに、makで止めたときの発音のイメージ。舌のつけ根がのどをふさいでいます
ㄷ、ㅌ、ㅅ、ㅆ、ㅈ、ㅊ、ㅎ	t（ッ）：けった（ketta）のtaを言わずに、ketで止めたときの発音のイメージ。舌先が前歯の裏側についています
ㅇ	ng（ン）：口を開けたまま「ん」と発音するイメージ

❗ パッチムのついた単語を書いてみよう

　パッチムは子音＋母音の下に書きます。

　ㄴ（n）＋ㅏ（a）＋ㄹ（r）なら、子音ㄴと母音ㅏを横にならべて書いて、나（na）にしたあと、下にㄹを入れて날（narナル）になります。

　ㅁ（m）＋ㅗ（o）＋ㅁ（m）なら、上から順番に子音ㅁ、母音ㅗを書いて、さらにその下にパッチムをくわえて몸（momモム）になります。

  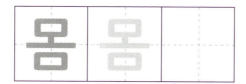

　ㅅ（s）＋ㅗ（o）＋ㄴ（n）なら、上から順番に子音ㅅ、母音ㅗを書いて、さらにその下にパッチムをくわえて손（sonソン）になります。

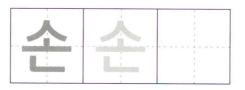

　パッチムは、「ㄲ」、「ㄶ」など、二つの子音で構成されるものもあります。

08 発音の変化

　日本語では「わたしは」と書いて「わたし［わ］」と言ったり、「学校へ」と書いて「学校［え］」と発音したりと、書いた文字とちがう発音をすることがありますね。韓国語にも、子音の位置やパッチムなどのえいきょうで、書かれている文字とはちがう発音をすることがあります。ここではいくつかの韓国語の発音変化について取り上げますが、いまの段階では覚えなくてもだいじょうぶです。

☆ 連音化

「職業」　직업 → [지겁（チゴプ）]

パッチムのㄱが移動！

　직업のように、前の文字に無音（ㅇ）以外のパッチムがあって、後ろの文字が無音（ㅇ）で始まるとき、前の文字のパッチムは後ろの無音のところに移動して発音します。직업の実際の発音は직のパッチムㄱが업のㅇの位置に移動するので、[지겁（チゴプ）]になります。

そのほかの単語　音楽 음악 → [으막（ウマㄱ）]、
日本語 일본어 → [일보너（イルボノ）] など

☆ 鼻音化

「去年」　작년 → [장년（チャンニョン）]

ㄱがㅇに変化！

　작년のように、パッチムㄱ、ㄷ、ㅂで発音される文字の次にㄴ、ㅁがくると、ㄱはㅇに、ㄷはㄴに、ㅂはㅁに変わります。작년の実際の発音は、작のパッチムがㄱで、次にㄴがくるので [장년（チャンニョン）] になります。

そのほかの単語　植物 식물 → [싱물（シンムル）]、
入門 입문 → [임문（イムムン）] など

☆激音化

「入学」　입학 → [이팍（イパㇰ）]　　＜激音に変化！＞

　입학のように、ㅎの前後にㄱ、ㄷ、ㅂ、ㅈがくると、それぞれㅋ、ㅌ、ㅍ、ㅊと激音（47ページ）に変わります。입학の実際の発音は、학のㅎの前の子音（パッチム）がㅂなので、[이팍（イパㇰ）]になります。

そのほかの単語　お祝い 축하 → [추카（チュカ）]
　　　　　　　　良い／好き 좋다 → [조타（チョタ）] など

☆濃音化

「合格」　합격 → [합껵（ハプッキョㇰ）]　　＜濃音に変化！＞

　합격のように、ㄱ、ㄷ、ㅂの音のパッチムの次にㄱ、ㄷ、ㅂ、ㅅ、ㅈがくると、そのㄱ、ㄷ、ㅂ、ㅅ、ㅈがㄲ、ㄸ、ㅃ、ㅆ、ㅉの濃音（47ページ）に変わります。합격の実際の発音は、합のパッチムㅂの次の子音がㄱなので、ㄱは濃音ㄲに変わり、[합껵（ハプッキョㇰ）]になります。

そのほかの単語　机 책상 → [책쌍（チェㇰッサン）]、
　　　　　　　　学校 학교 → [학꾜（ハㇰッキョ）] など

いろんな単語を読んで、少しずつ発音の変化になれていこう！

1 文字を練習しよう

コラム 1　ハングルはどうやって入力する？

　ハングルのしくみがわかったら、スマホでハングルを打つ練習をしてみましょう。まずは、スマホにハングルのキーボードが出るように設定してください。iPhoneは右のQRコードを、Androidは機種によってちがうため、各サイトでキーボード設定の方法を確認してください。

iPhoneの設定

　キーボードの準備が整ったら、文字を打ってみましょう！　ハングルのキーボードは左側に子音、右側に母音がならんでいます。

※濃音（ㅃ、ㅉ、ㄸ、ㄲ、ㅆ）や二重母音ㅐ、ㅔを打ちたいときは、「↑」のボタンをおすか濃音・二重母音にしたい文字を長おししてスライドすると、打つことができます。そのほかの二重母音は、ㅘならㅗの次にㅏを打つと表示できます。

　まず子音を打ち、次に母音を打ちます。例えば、가（か）と打ちたい場合、❶子音ㄱの次に、❷母音のㅏを打つと가が完成します。

　니혼（にほん）と打つ場合、❶子音ㄴ→❷母音ㅣを続けて打つと니ができあがり、❸子音ㅎ→❹母音ㅗ→❺子音ㄴと続けて打つと혼ができあがるので、니혼が完成します。

　いろんな単語を打って、ハングルのキーボードを練習してみましょう！
　パソコンのキーボードも、文字のならびは変わらないので、どちらでも練習することができますよ。

2 単語を練習しよう

ハングルをひととおり学んだら、次は韓国語の単語を練習してみましょう。食べ物やショッピング、さらには推し活で使える単語などをしょうかいします。

食(た)べ物(もの)

果物(くだもの)、野菜(やさい)、そして韓国料理(かんこくりょうり)などの食(た)べ物(もの)の名前(なまえ)を練習(れんしゅう)してみましょう。みんなが大好(だいす)きな韓国料理(かんこくりょうり)の文字(もじ)と発音(はつおん)を知(し)り、使(つか)えたら楽(たの)しいですね。

☆ りんご　사과 (サグァ)

☆ いちご　딸기 (ッタルギ)

☆ ごはん　밥 (パブ)

☆ (インスタント) ラーメン　라면 (ラミョン)

☆ ハンバーガー　햄버거 (ヘムボゴ)

☆ 肉(にく)　고기 (コギ)

○ 46ページのルールの通(とお)り、子音(しいん) ㄱ が一文字目(いちもじめ)のときは「g」ではなく「k」に近(ちか)い音(おと)になるので、고기は「kogi」と読(よ)みます。

56

☆ **トッポギ**　떡볶이 (ットクポッキ)

| 떡 | 볶 | 이 | 떡 | 볶 | 이 | | | |

☆ **サムギョプサル**　삼겹살 (サムギョプサル)

| 삼 | 겹 | 살 | 삼 | 겹 | 살 | | | |

☆ **ジャージャーめん**　짜장면 (ッチャジャンミョン)

| 짜 | 장 | 면 | 짜 | 장 | 면 | | | |

☆ **キンパ**　김밥 (キムパプ)

| 김 | 밥 | 김 | 밥 | | |

☆ **おかし**　과자 (クァジャ)

| 과 | 자 | 과 | 자 | | |

☆ **コーラ**　콜라 (コルラ)

| 콜 | 라 | 콜 | 라 | | |

2 単語を練習しよう

家族

家族の呼び方を練習してみましょう。韓国では、お兄さんやお姉さんを呼ぶとき、自分が男性か女性かで、ちがう呼び方をします。

☆ **おかあさん**　엄마 (オムマ)

| 엄 | 마 | 엄 | 마 | | |

☆ **おとうさん**　아빠 (アッパ)

| 아 | 빠 | 아 | 빠 | | |

☆ **おばあちゃん**　할머니 (ハルモニ)

| 할 | 머 | 니 | 할 | 머 | 니 | | | |

☆ **おじいちゃん**　할아버지 (ハラボジ)

| 할 | 아 | 버 | 지 | 할 | 아 | 버 | 지 | | | | |

☆ **両親**　부모님 (プモニム)

| 부 | 모 | 님 | 부 | 모 | 님 | | | |

☆ **家族**　가족 (カジョク)

| 가 | 족 | 가 | 족 | | |

☆ 妹・弟　동생（トンセン）

! 女性が使う言葉

☆ お姉さん　언니（オンニ）

☆ お兄さん　오빠（オッパ）

! 男性が使う言葉

☆ お姉さん　누나（ヌナ）

☆ お兄さん　형（ヒョン）

韓国では家族以外でも、親しい年上の人のことを「언니 オンニ／누나 ヌナ（お姉さん）」、「오빠 オッパ／형 ヒョン（お兄さん）」と呼んだりするよ！

03 ショッピング

洋服、コスメ、雑貨など、韓国はかわいいものであふれています。ここでは、買い物に関する韓国語を練習してみましょう。

☆ **スカート** 치마 (チマ)

| 치 | 마 | 치 | 마 | | |

☆ **ズボン／パンツ** 바지 (パジ)

| 바 | 지 | 바 | 지 | | |

☆ **スニーカー** 운동화 (ウンドンファ)

| 운 | 동 | 화 | 운 | 동 | 화 | | | |

☆ **ティントリップ** 립틴트 (リプティントゥ)

| 립 | 틴 | 트 | 립 | 틴 | 트 | | | |

☆ **鏡** 거울 (コウル)

| 거 | 울 | 거 | 울 | | |

☆ **ポーチ** 파우치 (パウチ)

| 파 | 우 | 치 | 파 | 우 | 치 | | | |

60

☆ **シール** 스티커 (スティコ)

☆ **キーリング** 키링 (キリン)

○ キーリングは日本のストラッ
プやキーホルダーなどのこと
を指します。

☆ **さいふ** 지갑 (チガプ)

☆ **本** 책 (チェク)

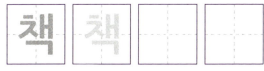

☆ **ノート** 공책 (コンチェク)

☆ **スマートフォン** 스마트폰 (スマトゥポン)

04 エンターテインメント

歌手、俳優などの推し活を楽しんでいますか？ここでは気になる韓国エンターテインメント関連の単語を見てみましょう。

☆ **K-POP**　케이팝 (ケイパプ)

| 케 | 이 | 팝 | 케 | 이 | 팝 | | | |

☆ **アイドル**　아이돌 (アイドル)

| 아 | 이 | 돌 | 아 | 이 | 돌 | | | |

☆ **歌／曲**　노래 (ノレ)

| 노 | 래 | 노 | 래 | | |

☆ **俳優**　배우 (ペウ)

| 배 | 우 | 배 | 우 | | |

☆ **ドラマ**　드라마 (トゥラマ)

| 드 | 라 | 마 | 드 | 라 | 마 | | | |

☆ **映画**　영화 (ヨンファ)

| 영 | 화 | 영 | 화 | | |

☆ **推し活**　덕질 (トクチル)

☆ **メンバー**　멤버 (メムボ)

최애(チュエエ)は、グループの中で「一番好きなメンバー」のことを指すときに使うよ

☆ **推し**　최애 (チュエエ)

☆ **トレカ**　포카 (ポカ)

☆ **コンサート**　콘서트 (コンソトゥ)

☆ **ファンミーティング**　팬미팅 (ペンミティン)

2 単語を練習しよう

05 K-POPの歌詞やドラマによく出てくる単語

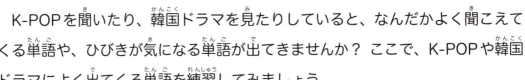

　K-POPを聞いたり、韓国ドラマを見たりしていると、なんだかよく聞こえてくる単語や、ひびきが気になる単語が出てきませんか？ここで、K-POPや韓国ドラマによく出てくる単語を練習してみましょう。

☆ **愛**　사랑 (サラン)

| 사 | 랑 | 사 | 랑 | | |

☆ **わたしたち**　우리 (ウリ)

| 우 | 리 | 우 | 리 | | |

☆ **夢**　꿈 (ックム)

| 꿈 | 꿈 | | |

☆ **夜空**　밤하늘 (パマヌル)

| 밤 | 하 | 늘 | 밤 | 하 | 늘 | | | |

☆ **初雪**　첫눈 (チョンヌン)

| 첫 | 눈 | 첫 | 눈 | | |

☆ **告白**　고백 (コベク)

| 고 | 백 | 고 | 백 | | |

☆**ときめき**　설렘 (ソルレム)

설렘 설렘

☆**思い出**　추억 (チュオク)

추억 추억

☆**幸せ**　행복 (ヘンボク)

행복 행복

☆**うそ**　거짓말 (コジンマル)

거짓말 거짓말

☆**心配**　걱정 (コクチョン)

걱정 걱정

☆**なみだ**　눈물 (ヌンムル)

눈물 눈물

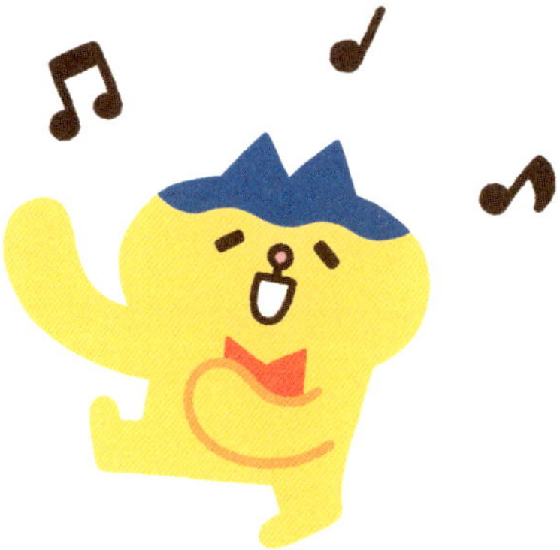

数字

　韓国語の数字の読み方は二つあります。まずは、日本語の「いち、に、さん」にあてはまる数字を学びましょう。日付、電話番号、㎝（センチメートル）やkg（キログラム）などの単位に使われます。

☆ 1　일（イル）
☆ 2　이（イ）
☆ 3　삼（サム）
☆ 4　사（サ）
☆ 5　오（オ）
☆ 6　육（ユク）
☆ 7　칠（チル）
☆ 8　팔（パル）
☆ 9　구（ク）
☆ 10　십（シプ）

☆ **小学〇年生**　초등학교 〇학년（チョドゥンハクキョ 〇ハンニョン）

〇の部分に、自分の学年の数字を入れてみよう！

人数、年れい、個数などを数えるときは、日本語の「ひとつ、ふたつ、みっつ」のような感覚で、以下の数字を使います。1〜4は、数字のあとに「○○個」というように単位がつくとき、【 】の発音・つづりに変わるので注意しましょう。

☆ **ひとつ**　하나 (ハナ)【한 (ハン)】

☆ **ふたつ**　둘 (トゥル)【두 (トゥ)】

☆ **みっつ**　셋 (セッ)【세 (セ)】

☆ **よっつ**　넷 (ネッ)【네 (ネ)】

☆ **いつつ**　다섯 (タソッ)

☆ **むっつ**　여섯 (ヨソッ)

☆ **ななつ**　일곱 (イルゴプ)

☆ **やっつ**　여덟 (ヨドル)

☆ **ここのつ**　아홉 (アホプ)

☆ **とお**　열 (ヨル)

「○個」を表すときは、数字のあとに「개 (個)」をつけます。ただし、1〜4の場合は上記の【 】の中にある形を使って表します。

❗ **○ (数字) + 개 (個) ➡ ○個**

☆ **1個**　한 개 (ハンゲ)　※한 (ハン)を使う

☆ **3個**　세 개 (セゲ)　※세 (セ)を使う

☆ **5個**　다섯 개 (タソッケ)

☆ **10個**　열 개 (ヨルケ)

2 単語を練習しよう

67

動詞

　動詞は、「見る」、「食べる」など、動きを表す言葉です。ここでは、いろいろな動詞を会話で使える形で練習してみましょう。

☆ **食べます。** 먹어요. (モゴヨ)

| 먹 | 어 | 요 |.| 먹 | 어 | 요 |.| | | |.|

☆ **遊びます。** 놀아요. (ノラヨ)

| 놀 | 아 | 요 |.| 놀 | 아 | 요 |.| | | |.|

☆ **行きます。** 가요. (カヨ)

| 가 | 요 |.| 가 | 요 |.| | |.|

☆ **あげます。** 줘요. (チュオヨ)

| 줘 | 요 |.| 줘 | 요 |.| | |.|

☆ **見ます。** 봐요. (プァヨ)

| 봐 | 요 |.| 봐 | 요 |.| | |.|

☆ **会います。** 만나요. (マンナヨ)

| 만 | 나 | 요 |.| 만 | 나 | 요 |.| | | |.|

68

☆ 聞きます。　들어요. (トゥロヨ)

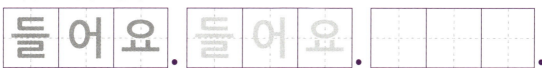

☆ 作ります。　만들어요. (マンドゥロヨ)

☆ 買います。　사요. (サヨ)

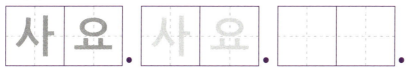

☆ 集めます。　모아요. (モアヨ)

☆ 書きます。　써요. (ッソヨ)

☆ 勉強します。　공부해요. (コンブヘヨ)

2 単語を練習しよう

69

08 形容詞

　形容詞は、「きれい」、「かわいい」、「楽しい」など、ものの性質や状態、感情などを表す言葉です。ここではいろいろな形容詞を、会話で使える形で練習してみましょう。推しに使えるといいですね！

☆ **かっこいいです。** 멋있어요.（モシッソヨ）

| 멋 | 있 | 어 | 요 |

| 멋 | 있 | 어 | 요 |

☆ **きれいです。** 예뻐요.（イェッポヨ）

| 예 | 뻐 | 요 |

| 예 | 뻐 | 요 |

| | | |

☆ **かわいいです。** 귀여워요.（クィヨウォヨ）

| 귀 | 여 | 워 | 요 |

| 귀 | 여 | 워 | 요 |

☆ **楽しいです。** 즐거워요.（チュルゴウォヨ）

| 즐 | 거 | 워 | 요 |

| 즐 | 거 | 워 | 요 |

☆ **良いです。／好きです。** 좋아요.（チョアヨ）

| 좋 | 아 | 요 |

| 좋 | 아 | 요 |

| | | |

☆ **いそがしいです。** 바빠요.（パッパヨ）

| 바 | 빠 | 요 |

| 바 | 빠 | 요 |

| | | |

70

☆ **たいくつです。** 심심해요. (シムシメヨ)

| 심 | 심 | 해 | 요 | . | 심 | 심 | 해 | 요 | . |

☆ **上手です。** 잘해요. (チャレヨ)

| 잘 | 해 | 요 | . | 잘 | 해 | 요 | . | | | | . |

☆ **(値段が) 高いです。** 비싸요. (ピッサヨ)

| 비 | 싸 | 요 | . | 비 | 싸 | 요 | . | | | | . |

☆ **便利です。** 편리해요. (ピョルリヘヨ)

| 편 | 리 | 해 | 요 | . | 편 | 리 | 해 | 요 | . |

☆ **有名です。** 유명해요. (ユミョンヘヨ)

| 유 | 명 | 해 | 요 | . | 유 | 명 | 해 | 요 | . |

☆ **むずかしいです。** 어려워요. (オリョウォヨ)

| 어 | 려 | 워 | 요 | . |
| 어 | 려 | 워 | 요 | . |

2 単語を練習しよう

71

コラム 2

SNSで使われる略語はどんな意味？

　日本語では笑っている様子を「(笑)」「ｗｗｗ」と書くように、韓国語にも感情を表す文字や、略語があります。一見、暗号のようにも見えますが、単語の子音だけを使って文字の入力を省略していることが多いです。これらの言葉は友だちや親しい人とメッセージをやりとりするときに使ってくださいね。

☆感情を表す文字

文字	意味
ㅋㅋㅋ	「크크크（ククク）」の子音を表した形。「クックッ」といたずらっぽく笑う様子。
ㅎㅎㅎ	「흐흐흐（フフフ）」とㅋㅋㅋよりも静かに笑っている様子。
ㅋㄷㅋㄷ	「키득키득（キドゥクキドゥク）」の子音。「クスクス」と笑っている様子。
ㄷㄷ／ㅎㄷㄷ	「덜덜（トルドル）／후덜덜（フドルドル）」の子音。ガクガク、ブルブルとふるえている様子。
ㅠㅠ／ㅜㅜ	「유유（ユユ）／우우（ウウ）」の母音。なみだを流して泣いている表情を表す。

☆略して使われる言葉

文字	意味
ㅇㅋ	「오케이（オケイ）」の子音。英語の「OK」と同じように使われる。
ㅇㅇ	「응응（ウンウン）」の子音。「うんうん」とうなずく様子や、同意を表す。
ㄴㄴ	「노노（ノノ）」の子音。英語の「NO、NO」と同じように使われる。
ㅅㄱ	수고했어（スゴヘッソ）の略、「수고（スゴ）」の子音。「おつかれさま」という意味。
ㅇ？	「응？（ウン？）」の子音。「どうした？」と聞きたいときに使う。
ㄹㅇ	「레알（レアル）」の子音。日本語の「本当に」「マジ」と同じニュアンスで使われる。
ㅇㅈ	「인정（インジョン）」の子音。「たしかに」や「認めるよ」の意味で使われる。
ㄹㅈㄷ	「레전드（レジョンドゥ）」の子音。「伝説になるほどすごい」という意味で使われる。

▼メッセージでこんな風に使われるよ

오늘 무대 ㄹㅇ ㄹㅈㄷ ㅠㅠ
今日のステージ、本当に伝説に残るくらいすごかった…（泣）

ㅇㅈ 너무 좋았어！
たしかに。すごくよかった！

3

フレーズを練習しよう

韓国語の短いフレーズを練習しましょう。文字をなぞって書くだけではなく、音声を真似して声に出してみてください。友だちと一緒に習ったフレーズを使って話してみるのも楽しいですよ。

01 韓国語の文のしくみを知ろう

韓国語は日本語と似ているところが多いです。語順がほぼ同じで、発音が似ている単語も多く、「てにをは」などの助詞、そして敬語があるところも似ています。動詞や形容詞を活用させて使うところも同じです。

韓国語の語順

日本語と同じように韓国語も「○○が（主語）△△を（目的語）□□する（述語）」という順番で文章を組み立てます。日本語を話す感覚で順番に話すとだいたい問題なく使えます。

主語 値段が　**述語** 高いです。
カギョギ　ピッサヨ
가격이 비싸요.

主語 わたしは　**目的語** 宿題を　**述語** します。
ナヌン　スクチェルル　ヘヨ
나는 숙제를 해요.

「わたし」というときは나（ナ）や저（チョ）を使うよ。目上の人と話すときは저（チョ）を使ってね！

韓国語の助詞

日本語に「〜に」、「〜を」などの助詞があるように韓国語にも助詞が存在します。「〜に」は「에」を使います。

助詞

学校 に 行きます。
ハッキョ エ カヨ
학교에 가요.

中には「〜を (를/을)」のように、同じ意味なのに二つの助詞があって、そのうちの一つを選んで使うものがいくつかあります。助詞の前の名詞にパッチムがあるかないかで、どちらを使うかが決まります。

映画を見ました。
ヨンファルル プァッソヨ
영화를 봤어요.

→ 前の名詞にパッチムがない
　를を使う

ミュージカルを見ました。
ミュジコルウル プァッソヨ
뮤지컬을 봤어요.

→ 前の名詞にパッチムがある
　을を使う

日本語の話し言葉では「昨日□□しました」と、助詞の「を」を省略して話すことがあるように、韓国語も話し言葉では助詞を省略することがあります。

映画を見ました。
ヨンファルル プァッソヨ
영화를 봤어요. ⟶

映画（を）見ました。
ヨンファ プァッソヨ
영화 봤어요.

助詞を省略

ていねい語

　韓国語の語びには日本語の「〜です/ます」と同じように、目上の人や、はじめて会う人に使うていねいな言葉があります。韓国語のていねいな表現は2種類あります。日常会話でもっともよく使われる「-요」(ヨ体) と、テレビのニュースや発表、ビジネスなど、かしこまった場面で使われる「-니다」(ニダ体) です。

☆ ていねいな言葉
　：ヨ体 (やわらかい)

グッズを買います。
クッチュルル　　サヨ
굿즈를 사<u>요</u>.

ソウルは寒かったです。
ソウルン　　　チュウォッソヨ
서울은 추웠<u>어요</u>.

☆ ていねいな言葉
　：ニダ体 (かたい)

グッズを買います。
クッチュルル　　サムニダ
굿즈를 삽<u>니다</u>.

ソウルは寒かったです。
ソウルン　　　チュウォッスムニダ
서울은 추웠<u>습니다</u>.

ヨ体を使う場面

- 年の近い先輩と話すとき
- 店員と話すとき　● 先生と話すとき

ニダ体を使う場面

- ニュース番組
- アナウンス　● 軍隊
- 会社での取引や交渉の話し合いをするとき

ヨ体のほうが日常的に使われているよ！

親しい人や友だちに使う言葉

友だちや仲のいい年下の人には日本のタメぐちのような言葉使い、「パンマル（반말）」で話します。家族や親せきなら年上であってもパンマルを使うこともあります。パンマルは「〜です/ます」などの意味を表す「-요」をつけずに話します。

☆ **ていねいな言葉（ヨ体）**

本当におもしろいです。
チンッチャ　チェミイッソヨ
진짜 재미있어<u>요</u>.

ごはん食べましたか？
パム　モゴッソヨ
밥 먹었어<u>요</u>？

☆ **友だち言葉（パンマル）だと…**

本当におもしろい。
チンッチャ　チェミイッソ
진짜 재미있어.

ごはん食べた？
パム　モゴッソ
밥 먹었어？

ヨ体とパンマルの文末に「？」をつけて、語びを上げて発音すると、疑問形の文にすることができます。

ごはん食べました。
パム　モゴッソヨ
밥 먹었어요.　→　

ごはん食べましたか？
パム　モゴッソヨ？
밥 먹었어요**？**

？がつくと相手に質問する文章に変化

3 フレーズを練習しよう

あいさつと返事

韓国語のあいさつや、返事、あいづちなどを覚えましょう。

☆ **はい。** 네.

| 네 | . | 네 | . | | . |

☆ **いいえ。** 아니요.

| 아 | 니 | 요 | . | 아 | 니 | 요 | . | | | | . |

☆ **こんにちは。** 안녕하세요?

| 안 | 녕 | 하 | 세 | 요 | ? |
| 안 | 녕 | 하 | 세 | 요 | ? |

○ 안녕하세요?（アンニョンハセヨ）は時間帯に関係なく、あいさつの言葉として使うことができます。

☆ **はじめまして。** 처음 뵙겠습니다.

| 처 | 음 | 뵙 | 겠 | 습 | 니 | 다 | . |
| 처 | 음 | 뵙 | 겠 | 습 | 니 | 다 | . |

☆ **(会えて) うれしいです。** 반가워요.

| 반 | 가 | 워 | 요 | . | 반 | 가 | 워 | 요 | . |

☆ **そうです。** 맞아요.

| 맞 | 아 | 요 | . | 맞 | 아 | 요 | . | | | | . |

☆ **本当ですか？** 정말요?

| 정 | 말 | 요 |? | 정 | 말 | 요 |? | | | |?|

☆ **ありがとうございます。** 감사합니다.

| 감 | 사 | 합 | 니 | 다 |. | 감 | 사 | 합 | 니 | 다 |.

☆ **ごめんなさい。** 미안해요.

| 미 | 안 | 해 | 요 |. | 미 | 안 | 해 | 요 |.

☆ **また会いましょう。** 또 만나요.

| 또 | 만 | 나 | 요 |. | 또 | 만 | 나 | 요 |.

○ 別れぎわに「さようなら」の代わりとして、또 만나요.(ット マンナヨ) を使うこともあります。

◎ **会話を真似してみよう！**

こんにちは。はじめまして。
안녕하세요? 처음 뵙겠습니다.

はい、会えてうれしいです。
네, 반가워요.

79

自己紹介する

はじめて会った人に使える、自己紹介フレーズを練習してみましょう。

☆ わたしは○○（名前）です。　저는 ○○예요.

| 저 | 는 | | 예 | 요 |
| 저 | 는 | | 예 | 요 |

☆ 日本人です。　일본 사람이에요.

| 일 | 본 | 사 | 람 | 이 | 에 | 요 |
| 일 | 본 | 사 | 람 | 이 | 에 | 요 |

☆ 学生です。　학생이에요.

| 학 | 생 | 이 | 에 | 요 |
| 학 | 생 | 이 | 에 | 요 |

○ 학생（ハクセン）は小学生から大学生まで、はば広く使えます。

☆ 東京に住んでいます。　도쿄에 살아요.

| 도 | 쿄 | 에 | 살 | 아 | 요 |
| 도 | 쿄 | 에 | 살 | 아 | 요 |

☆ ファンです。　팬이에요.

| 팬 | 이 | 에 | 요 |
| 팬 | 이 | 에 | 요 |

○ 팬이에요（ペニエヨ）の前に好きな芸能人やアイドルグループの名前を入れると、「○○のファンです」と伝えることができます。

☆ 韓国語を勉強しています。　한국어 공부 중이에요.

| 한 | 국 | 어 | 공 | 부 | 중 | 이 | 에 | 요 | . |

| 한 | 국 | 어 | 공 | 부 | 중 | 이 | 에 | 요 | . |

☆ よろしくお願いします。　잘 부탁해요.

| 잘 | 부 | 탁 | 해 | 요 | . | 잘 | 부 | 탁 | 해 | 요 | . |

💡 友だち言葉（パンマル）だと…

☆ よろしくね！　잘 부탁해!

| 잘 | 부 | 탁 | 해 | ! | 잘 | 부 | 탁 | 해 | ! |

💡 言葉を選んで書いてみよう！

トラック 22

☆ しゅみは ? です。　취미는 ? 예요.

_____

? の中に
右の単語を入れて、
文を書いてみよう！

- ダンス 댄스 (テンス)
- ピアノ 피아노 (ピアノ)
- 歌【を歌うこと】노래 (ノレ)
- 料理 요리 (ヨリ)

💡 会話を真似してみよう！

トラック 23

わたしは日本人です。
나는 일본 사람이에요.

東京に住んでいます。
도쿄에 살아요.

よろしくお願いします。
잘 부탁해요.

3 フレーズを練習しよう

81

質問する

質問したいときに使えるフレーズです。練習してみましょう。

☆ 名前は何ですか？　이름이 뭐예요?

| 이 | 름 | 이 | 뭐 | 예 | 요 | ? |

| 이 | 름 | 이 | 뭐 | 예 | 요 | ? |

☆ 何才ですか？　몇 살이에요?

| 몇 | 살 | 이 | 에 | 요 | ? |　| 몇 | 살 | 이 | 에 | 요 | ? |

| | | | | | ? |　| | | | | | ? |

☆ どこに住んでいますか？　어디에 살아요?

| 어 | 디 | 에 | 살 | 아 | 요 | ? |

| 어 | 디 | 에 | 살 | 아 | 요 | ? |

☆ 誕生日はいつですか？　생일이 언제예요?

| 생 | 일 | 이 | 언 | 제 | 예 | 요 | ? |

| 생 | 일 | 이 | 언 | 제 | 예 | 요 | ? |

☆ しゅみは何ですか？　취미가 뭐예요?

| 취 | 미 | 가 | 뭐 | 예 | 요 | ? |

| 취 | 미 | 가 | 뭐 | 예 | 요 | ? |

82

☆ いくらですか？　얼마예요?
オルマエヨ？

얼마예요? 얼마예요?

☆ おすすめの商품ありますか？　추천 상품 있어요?
チュチョン サンプム イッソヨ？

추천 상품 있어요?
추천 상품 있어요?

☆ （あいている）席ありますか？　자리 있어요?
チャリ イッソヨ？

자리 있어요?
자리 있어요?

☆ 日本語できますか？　일본어 가능해요?
イルボノ カヌンヘヨ？

일본어 가능해요?
일본어 가능해요?

会話を真似してみよう！

トラック 25

名前は何ですか？
イルミ　ムォエヨ？
이름이 뭐예요?

スアです。何才ですか？
スアエヨ　　ミョッ サリエヨ？
수아예요. 몇 살이에요?

3 フレーズを練習しよう

83

好きなものを言う・聞く

韓国人に会ったら自分の好きなことについて話してみたいですね。ここに出てくるフレーズを覚えて使ってみましょう。

☆ **K-POPが好きです。** 　ケイパプル　チョアヘヨ
　　　　　　　　　　　케이팝을 좋아해요.

| 케 | 이 | 팝 | 을 | 좋 | 아 | 해 | 요 |

| 케 | 이 | 팝 | 을 | 좋 | 아 | 해 | 요 |

☆ **ドラマをよく見ます。** 　トゥラマルル　チャジュ　プァヨ
　　　　　　　　　　　　　드라마를 자주 봐요.

| 드 | 라 | 마 | 를 | 자 | 주 | 봐 | 요 |

| 드 | 라 | 마 | 를 | 자 | 주 | 봐 | 요 |

☆ **タイトル曲が好きです。** 　タイトゥルゴギ　チョアヨ
　　　　　　　　　　　　　　타이틀곡이 좋아요.

| 타 | 이 | 틀 | 곡 | 이 | 좋 | 아 | 요 |

| 타 | 이 | 틀 | 곡 | 이 | 좋 | 아 | 요 |

○ 좋아요（チョアヨ）は「良いです」と返事をしたり、相手の意見に賛成したりするときに、よく使います。そのほかにも「好きです」という意味で使われることもあります。

☆ **ゲームもよくします。** 　ケイムド　チャジュ　ヘヨ
　　　　　　　　　　　　게임도 자주 해요.

| 게 | 임 | 도 | 자 | 주 | 해 | 요 |

| 게 | 임 | 도 | 자 | 주 | 해 | 요 |

☆ **どんなゲームが好きですか？** 　オットン　ケイムル　チョアヘヨ？
　　　　　　　　　　　　　　　　어떤 게임을 좋아해요?

| 어 | 떤 | 게 | 임 | 을 | 좋 | 아 | 해 | 요 | ?

| 어 | 떤 | 게 | 임 | 을 | 좋 | 아 | 해 | 요 | ?

84

言葉を選んで書いてみよう！

☆ 好きな ? はだれですか？　좋아하는 ? 누구예요？
　　　　　　　　　　　　　　チョアハヌン　　　ヌグエヨ

? の中に右の単語を入れて、文を書いてみよう！
- 歌手　가수　(カス)
- 俳優　배우　(ペウ)
- ユーチューバー　유튜버　(ユティュボ)
- アイドル　아이돌　(アイドル)
- 選手　선수　(ソンス)

☆ 好きな ? はありますか／いますか？
　좋아하는 ? 있어요？
　チョアハヌン　　イッソヨ

? の中に右の単語を入れて、文を書いてみよう！
- 食べ物　음식　(ウムシク)
- キャラクター　캐릭터　(ケリクト)
- 運動・スポーツ　운동　(ウンドン)

会話を真似してみよう！

わたしはK-POPが好きです。ゲームもよくします。
저는 케이팝을 좋아해요. 게임도 자주 해요.
チョヌン　ケイパブル　チョアヘヨ　　　ケイムド　チャジュ　ヘヨ

どんなゲームが好きですか？
어떤 게임을 좋아해요？
オットン　ケイムル　チョアヘヨ？

06 願望を言う

トラック 29

食べたいもの、会いたい人、やってみたいことなど、願っていることを表現してみましょう。

☆**チョコレートが食べたいです。** 초콜릿을 먹고 싶어요.
チョコリスル　モッコ　シポヨ

| 초 | 콜 | 릿 | 을 | 먹 | 고 | 싶 | 어 | 요 |.
| 초 | 콜 | 릿 | 을 | 먹 | 고 | 싶 | 어 | 요 |.

☆**ソウルに行きたいです。** 서울에 가고 싶어요.
ソウレ　カゴ　シポヨ

| 서 | 울 | 에 | 가 | 고 | 싶 | 어 | 요 |.
| 서 | 울 | 에 | 가 | 고 | 싶 | 어 | 요 |.

☆**コンサートに行きたいです。** 콘서트에 가고 싶어요.
コンソトゥエ　カゴ　シポヨ

| 콘 | 서 | 트 | 에 | 가 | 고 | 싶 | 어 | 요 |.
| 콘 | 서 | 트 | 에 | 가 | 고 | 싶 | 어 | 요 |.

☆**韓国語が上手になりたいです。** 한국어를 잘하고 싶어요.
ハングゴルル　チャラゴ　シポヨ

| 한 | 국 | 어 | 를 | 잘 | 하 | 고 | 싶 | 어 | 요 |.
| 한 | 국 | 어 | 를 | 잘 | 하 | 고 | 싶 | 어 | 요 |.

☆**勉強したくないです。** 공부하기 싫어요.
コンブハギ　シロヨ

| 공 | 부 | 하 | 기 | 싫 | 어 | 요 |.
| 공 | 부 | 하 | 기 | 싫 | 어 | 요 |.

86

☆ 推しに会いたいです。　최애를 만나고 싶어요.
（チュエルル　マンナゴ　シポヨ）

| 최 | 애 | 를 | 만 | 나 | 고 | 싶 | 어 | 요 | . |
| 최 | 애 | 를 | 만 | 나 | 고 | 싶 | 어 | 요 | . |

☆ ファンミーティングに当選したい。　팬미팅에 당첨되고 싶어.
（ペンミティンエ　タンチョムドゥェゴ　シポ）

| 팬 | 미 | 팅 | 에 | 당 | 첨 | 되 | 고 | 싶 | 어 | . |
| 팬 | 미 | 팅 | 에 | 당 | 첨 | 되 | 고 | 싶 | 어 | . |

☆ 誕生日カフェに行ってみたい。　생일 카페에 가 보고 싶어.
（センイル　カペエ　カ　ポゴ　シポ）

| 생 | 일 | 카 | 페 | 에 | 가 | 보 | 고 | 싶 | 어 | . |
| 생 | 일 | 카 | 페 | 에 | 가 | 보 | 고 | 싶 | 어 | . |

○ 생일 카페（センイル カペ）とは、芸能人の誕生日にあわせて、ファンが開く期間限定カフェのことです。

☆ 近くで見たい。　가까이에서 보고 싶어.
（カッカイエソ　ポゴ　シポ）

| 가 | 까 | 이 | 에 | 서 | 보 | 고 | 싶 | 어 | . |
| 가 | 까 | 이 | 에 | 서 | 보 | 고 | 싶 | 어 | . |

❗ 会話を真似してみよう！

トラック 30

ソウルに行きたいです。
서울에 가고 싶어요.
（ソウレ　カゴ　シポヨ）

わたしもです。ソウルで推しに会いたいです。
나도요. 서울에서 최애를 만나고 싶어요.
（ナドヨ　ソウレソ　チュエルル　マンナゴ　シポヨ）

3 フレーズを練習しよう

87

お願いする

店などで使える表現や、サイン会、コンサートなどで使えるフレーズを練習してみましょう。

☆ **これください。** 이거 주세요.

| 이 | 거 | 주 | 세 | 요 | . |

| 이 | 거 | 주 | 세 | 요 | . |

☆ **ラッピングしてください。** 포장해 주세요.

| 포 | 장 | 해 | 주 | 세 | 요 | . |

| 포 | 장 | 해 | 주 | 세 | 요 | . |

○ ラッピングをお願いするほか、屋台や店で、食べ物を持ち帰りたいときにも使えるフレーズです。

☆ **おかわりください。** 더 주세요.

| 더 | 주 | 세 | 요 | . | 더 | 주 | 세 | 요 | . |

☆ **からくしないでください。** 안 맵게 해 주세요.

| 안 | 맵 | 게 | 해 | 주 | 세 | 요 | . |

| 안 | 맵 | 게 | 해 | 주 | 세 | 요 | . |

☆ **写真をとってください。** 사진을 찍어 주세요.

| 사 | 진 | 을 | 찍 | 어 | 주 | 세 | 요 | . |

| 사 | 진 | 을 | 찍 | 어 | 주 | 세 | 요 | . |

言葉を選んで書いてみよう！

☆ [?] ください。　[?] 주세요.
　　　　　　　　　　　　　ジュセヨ

[?] の中に右の単語を入れて、文を書いてみよう！

- あくしゅして　악수해 (アクスヘ)
- ハートつくって　하트해 (ハトゥヘ)
- ウィンクして　윙크해 (ウィンクヘ)
- サインして　사인해 (サイネ)
- (わたしの) 名前を覚えて　이름 기억해 (イルム キオケ)

うちわやボードにメッセージを書くときは、주세요(ジュセヨ)の部分をパンマルの줘(ジュォ)に変えてね！

会話を真似してみよう！

これください。
이거 주세요.
イゴ　ジュセヨ

はい、わかりました。
네, 알겠어요.
ネ　アルゲッソヨ

ラッピングしてください。
포장해 주세요.
ポジャンヘ　ジュセヨ

おうえんする

ライブでのかけ声や、ファンレター、SNSでのコメントなど、推し活やおうえんするときに使えるフレーズを練習してみましょう。

☆ がんばって！　화이팅！(ファイティン)

화이팅！화이팅！　　！

☆ いつもおうえんしてるよ！　언제나 응원할게！(オンジェナ ウンウォナルケ)

언제나 응원할게！
언제나 응원할게！

☆ だいじょうぶ！　괜찮아！(クェンチャナ)

괜찮아！괜찮아！　　！

☆ 永遠に守ってあげる。　영원히 지켜줄게．(ヨンウォニ チキョジュルケ)

영원히 지켜줄게．
영원히 지켜줄게．

☆ 乗りこえられる！　이겨낼 수 있어！(イギョネル ス イッソ)

이겨낼 수 있어！
이겨낼 수 있어！

90

☆ **がんばろう！** 힘내자！
ヒムネジャ

힘내자！ 힘내자！ ☐☐☐！

☆ **わたしたちはいつもいっしょだよ。** 우린 늘 함께야.
ウリン ヌル ハムッケヤ

우린 늘 함께야.
우린 늘 함께야.

☆ **もっと幸せになろう！** 더욱 행복해지자！
トゥク ヘンボケジジャ

더욱 행복해지자！
더욱 행복해지자！

☆ **愛してる！** 사랑해!
サランヘ！

사랑해！ 사랑해！ ☐☐☐！

💬 **会話を真似してみよう！**

トラック 35

だいじょうぶ！ 乗りこえられる！
クェンチャナ！ イギョネル ス イッソ！
괜찮아! 이겨낼 수 있어!

いつもおうえんしてるよ！
オンジェナ ウンウォナルケ
언제나 응원할게!

3 フレーズを練習しよう

91

気持ちを伝える

　感じたこと、思っていることなど自分の感情を伝えるフレーズを練習してみましょう。

☆ **うれしいです。** キッポヨ　기뻐요.

기뻐요. 기뻐요. ＿＿＿.

☆ **おもしろいです。** チェミイッソヨ　재미있어요.

재미있어요.
재미있어요.

☆ **びっくりしました。** ノルラッソヨ　놀랐어요.

놀랐어요. 놀랐어요.

☆ **感動しました。** カムドンヘッソヨ　감동했어요.

감동했어요.
감동했어요.

☆ **悲しいです。** スルポヨ　슬퍼요.

슬퍼요. 슬퍼요. ＿＿＿.

☆ **はずかしいです。** チャンピヘヨ　창피해요.

창피해요. 창피해요.

☆ **おいしいです。** 맛있어요.
(マシッソヨ)

| 맛 | 있 | 어 | 요 |. | 맛 | 있 | 어 | 요 |.

☆ **うらやましいです。** 부러워요.
(プロウォヨ)

| 부 | 러 | 워 | 요 |. | 부 | 러 | 워 | 요 |.

☆ **きんちょうしています。** 긴장돼요.
(キンジャンドゥェヨ)

| 긴 | 장 | 돼 | 요 |. | 긴 | 장 | 돼 | 요 |.

☆ **最高です。** 최고예요.
(さいこう)(チュェゴエヨ)

| 최 | 고 | 예 | 요 |. | 최 | 고 | 예 | 요 |.

会話を真似してみよう！

トラック 37

おいしいですか？
(マシッソヨ？)
맛있어요？

はい、最高です。
(ネ)(チュェゴエヨ)
네, 최고예요.

3 フレーズを練習しよう

93

おさらいクイズの答え合わせ

P17　おさらいクイズ①

Q1 次のひらがなを表すハングルを カッコの中から選びましょう。

1. せ　(에・**세**)
2. の　(누・**노**)
3. つ　(**추**・치)
4. か　(**카**・나)
5. て　(**테**・티)
6. そ　(오・**소**)

Q2 同じ読み方のハングルとひらがなを線で結びましょう。

- えと — 에토
- こたつ — 코타추
- あいす — 아이수
- なす — 나수
- さい — 사이

P25　おさらいクイズ②

Q1 次の□にハングルを書いて言葉を完成させましょう。

- やり　야**리**
- へちま　**헤**치마
- マラカス　**마라**카수
- かめ　카**메**
- みらい　**미라**이

Q2 下のわくから合うものを選び、□に文字を書いて動物の名前を完成させましょう。

- カワウソ　카**와우소**
- アリクイ　아**리쿠이**
- シマウマ　**시마우**마
- イノシシ　**이노시**시
- コアラ　**코아라**
- キツネ　**키추네**

何問正解できたかな？

P33　おさらいクイズ③

Q1 次のひらがなを表すハングルをカッコの中から選びましょう。

1. づ（**주**・구）
2. ぶ（**부**・루）
3. ぽ（호・**포**）
4. ぱ（마・**파**）
5. じ（**지**・디）
6. べ（**베**・레）

Q2 同じ読み方のハングルとひらがなを線で結びましょう。

たんぽぽ	—	탄포포
えび	—	에비
どんぐり	—	돈구리
くらげ	—	쿠라게
あさがお	—	아사가오
ばら	—	바라

P41　おさらいクイズ④

Q1 次の□にハングルを書いて言葉を完成させましょう。

じしょ　　지 **쇼**

ニュース　**뉴** 수

じどうしゃ　지 도 **샤**

ミュージシャン　**뮤** 지 **샨**

Q2 下の5つの言葉が表のどこかにかくれています。見つけて丸で囲みましょう。言葉は左から右、もしくは上から下に向かってならんでいます。

란	도	세	루	챠	오	큐	냐
투	가	바	퓨	호	네	쇼	키
모	쇼	오	누	이	뮤	쿠	소
지	가	와	묘	구	아	루	야
피	쿠	누	사	게	도	쵸	로
와	세	피	리	무	쇼	쿠	타
우	이	난	우	와	바	키	후
시	키	수	타	이	소	기	냐

- うわばき（우와바키）
- しょうがくせい（쇼가쿠세이）
- ランドセル（란도세루）
- たいそうぎ（타이소기）
- きゅうしょく（큐쇼쿠）

【監修者略歴】

幡野 泉（はたのいずみ）

早稲田大学第一文学部卒業。韓国・延世大学校韓国語学堂、同韓国語教師研修所 第 20 期研修課程修了。コリア・ヘラルド新聞社主催「第 33 回外国人韓国語雄弁大会」にて最優秀賞・文化観光部長官賞受賞。韓国雄弁人協会主催「第 21 回世界韓国語雄弁大会」にて、国務総理大臣賞受賞。現在、「アイケーブリッジ外語学院」代表および「All About 韓国語」ガイド。主要著書に『シゴトの韓国語 基礎編』『シゴトの韓国語 応用編』（いずれも三修社）、『使える！伝わる！役に立つ！韓国語フレーズブック』（新星出版社）がある。監修書、多数。翻訳書に『無礼な人に NO と言う 44 のレッスン』（白水社）がある。

【著者略歴】

柳 志英（リュウ・ジヨン）

韓国東義大学校日語日文学科卒業。正訓日本語学院日本語講師を務めたのち、来日。2012 年よりアイケーブリッジ外語学院韓国語専属講師。延世大学校韓国語教師研修所第 26 期オンライン韓国語教員養成課程修了。韓国語学習者に向けたグループレッスン、プライベートレッスンをはじめ、企業や官公庁関連のレッスン等も行う。著書に『いちばんやさしい韓国語文法ノート 初級編』（永岡書店）、『#（ハッシュタグ）で覚える韓国語 単語＆フレーズ集』（池田書店）、『世界が広がる 推し活韓国語』（Gakken）、『はじめての韓国語講座』テキスト 2、3（ユーキャン）、『使える！伝わる！役に立つ！韓国語フレーズブック』（新星出版社）がある。

【スタッフ】

カバーデザイン	白畠かおり	韓国語校正	関 ソラ（ミン・ソラ）
本文デザイン	中務慈子	韓国語ナレーション	金 信英（キム・シニョン）
イラスト	まつむらあきひろ	日本語ナレーション	菊地信子
編集協力	株式会社キャデック	録音	ユニバ合同会社
DTP	有限会社 P.WORD		

小学生からひとりで学べる！
いちばんやさしい韓国語

2025 年 4 月 10 日　第 1 刷発行

監修　　幡野 泉
著者　　柳 志英
発行者　永岡純一
発行所　株式会社永岡書店
　　　　〒 176-8518
　　　　東京都練馬区豊玉上 1-7-14
　　　　代表　03（3992）5155　　編集　03（3992）7191
印刷　　横山印刷
製本　　ヤマナカ製本

ISBN978-4-522-44215-9 C2087
乱丁本・落丁本はお取り替えいたします。
本書の無断複写・複製・転載を禁じます。